एक जीवन अलग से

एक जीवन अलग से

रूपम मिश्र

लोकभारती प्रकाशन

लोकभारती प्रकाशन
पहली मंजिल, दरबारी बिल्डिंग, महात्मा गांधी मार्ग
प्रयागराज-211 001
वेबसाइट : www.lokbhartiprakashan.com
ईमेल : info@lokbhartiprakashan.com
शाखाएँ : 1-बी, नेताजी सुभाष मार्ग, दरियागंज
नई दिल्ली-110 002
अशोक राजपथ, साइंस कॉलेज के सामने
पटना-800 006
1, अनमोल सोराबजी संतुक लेन, धोबी तलाव,
मरीन लाइंस, मुम्बई-400 002

पहला संस्करण : 2023

मूल्य : ₹ 495

बी.के. ऑफसेट
नवीन शाहदरा, दिल्ली-110 032
द्वारा मुद्रित

EK JEEVAN ALAG SE
Poems by Rupam Mishra

ISBN : 978-81-19835-21-8

साक्षी, शशांक और रंजन के लिए

क्रम

वे और उनका गाँव

तुम कायदे से तफसील करके देखना
ढरकता राष्ट्रहित व आभिजात्यता का भगल बनाए चन्द लोग
नहीं होते उस गाँव की पहचान
सही मायने में ये ही डीह-सी खरबिरही स्त्रियाँ ही उस गाँव की पहचान हैं
इनसे ही गाँव मनई का गाँव लगता है

अगर कहीं रास्ता भूलना तो इन्हीं से हँसकर पूछ लेना
शहर से ज्यादा उझुक कर चली संस्कृति यहाँ आकर समथिल बैठती है
'ये सब करो सब ढको' सभ्यता की सबसे करीबी चशमदीद हैं

इन्होंने देखा है
वनस्पति घी से कूदकर रिफाइंड ऑयल में बदले युग को
चैत की कटनी में मशीनों ने दक्खिन टोलों की गोड़धराई खत्म करके
किसको क्या दिया ये समझती हैं

दुख-सुख अपनी जगह से कुजगह कैसे जाता है
कहाँ क्या-क्या बिकता है और कौन खरीदता है
ये ठीक-ठीक जानती हैं

ये चीन्हती हैं राशन बाँटते कोटेदार का हाथ
और उज्ज्वला गैस चूल्हा थमाते ग्राम प्रधान की आँख

मनरेगा की मजदूरी लिस्ट में नाम लिखा जाना
कितना बड़ा अनुग्रह है याद रखती हैं

ये सड़क पर तारकोल डलवाते ठेकेदारों के
तारकोल जैसे मन को भी जानती हैं
फिर भी ये हँसकर कोई हल्का-सा मजाक करके
उन्हें उनकी माँ-बहन की याद दिलाती हैं
जो कि उनको कभी याद नहीं रहतीं

ये जानती हैं स्कूल जाती बच्चियों के सीने पर हाथ मारते मोटरसाइकिलों को
आँगनबाड़ी, मिड डे मील में काम करती स्त्री-यातना की छोटी-बड़ी इकाइयों को
अन्याय की नई खेप लाए सब लीपते अपने अपनों को

समाज की सारी घाऊघप्पई जानते हुए भी ये
सारा दोष अपनी संरचना को देते हुए मुस्किया कर गाती हैं
सासू पनिया भरन कैसे जाऊँ रसीले दोऊ नैन...
जबकि जानती हैं बात इतनी भर नहीं है

मँझार में खड़ी नहझार की तरह पिराती मेरी आत्मा
अकुला कर आईना ढूँढ़ ही रही थी इस व्यवस्था के लिए
कि दारागंज के तिनगहे कवि ने अँगउछा झहराते हुए कहा, 'मार खा रोई नहीं'

जब मैं आधी बड़ी हुई तो मुझे इनसे घृणा हुई
जब पूरी बड़ी हुई तो खींचकर इन्हें गले लगा लिया
और मन ही मन कहा मैं तुम्हारी बिरादरी की हूँ
पास आओ दुखों को उघाड़ कर दिखाऊँ
हमारे दुखों का रंग नीला ही है

जब पहले कभी किसी काज-परोजन में
इनकी भद्दी गालियाँ और मजाक सुनती तो चिढ़ती
लगता कि किस दुनिया से आई हैं ये
अब जाना दुनिया में इनके दुखों को कहने की कोई जगह नहीं थी
इतना नीरस था हर पड़ाव कि ये खींच लातीं कुछ ज्यादा सतह में
ढकी चीजों को
कोई ठोस रोमांटिसिज्म उनका यहाँ भी नहीं था महज मिटते मन का
मनशायन था

बाजार ने सब कुछ पाउच में उतार दिया
बस मन को मन में न उतार पाया
सब बेचो सब खरीदो रटते ओएलएक्स जैसे ढेरों आए
बस दुखों को एक्सचेंज करने का कोई ठोस बाजार नहीं बना।

दुख की बिरादरी

मुझे पता है तुम्हारा दुख बिरादर
मैं तुम्हारी ही कौम से हूँ!
मुझे थाह है उस पीड़ा की नदी की
जिसका घाट अन्याय का चहबच्चा है
जिसकी उतराई में आत्मा गिरवी होती है

तुम धीरज रखना हारे हुए दोस्त
कुछ अघाए गलदोदई करते हैं कि तुम हेहर हो
उनसे कहो कि हम जानते हैं जाड़ा, बसिकाला और जेठ के दिनों का असली रंग
वे मनुष्य कितने बचे हैं वे नहीं जानते

लड़ाई की रात बहुत लम्बी है इतनी कि शायद सुबह खुशनुमा न हो
पर न लड़ना सदियों की शक्ल खराब करने की जवाबदेही होगी
हम असफल कौमें हैं हमारी ही पीठ पर पैर रखकर वे वहाँ सफल हैं
जहाँ हमारे रोने को उन्होंने कुहास्य के सटीक मुहावरों में रखा
जाने कैसे उन्होंने हमारे सामीप्य में रहने की कुछ समय सीमा बनाई
उसके बाद भी जो संग रहे उनमें हमारे सान्निध्य से आई
कोमलता को मेहरीपन कह के मजाक बनाया

वे सभ्यता और समता की बात करते कितने झूठे लगते हैं
जो हमारी आँखों पर मेले से खरीदे गए काले चश्मे को भी देखकर व्यंग्य से हँसते हैं
और अपनी अन्याय से बेसही साहबी पर लजाते नहीं

वे सौमुँहे साँप हैं जो हमारी देह पर टेरीकॉट का ललका बुशर्ट भी देखकर

मुँह बिचकाकर कहते हैं खूब उड़ रहे हो बच्चू, ज्यादा उड़ना अच्छा नहीं
उनसे कह दो कि अब तुम छोड़ दो ये तय करना
कि हमारा उड़ना अच्छा है या हमारा रेंगना
अब छोड़ दो टेरना सामन्ती ठसक का वो यशगान
जिसमें स्त्रियों और शोषितों की आह भरी है

मानव जाति के आधे हिस्सेदार हम
जिनके आँचल में रहना तुमने कायरता का चिर प्रतीक कहा
अब दिशाहारा समय कुपथ पर है
संसार को विनाश से बचाए रखने के लिए
उनसे थोड़ी-सी करुणा उधार माँग लो और अपने बहके समय में बाँट लो।

अभी हम

वे अभी लोककथाओं से ही उठकर आए थे
और उसी हरारत में देखने से ज्यादा देखने का मन हथेली पर लिये खड़े थे
हम जो अभी आधे पर थे न तिहाई पर
और वे 'साथ चलो अब कितना कहोगी' कहने लगे थे

पर हमें तो उनसे ज्यादा दूरी तय करनी थी
अभी चिढ़ाता हुआ चिरपिछैती अतीत पार करना था
हाथ में चरित्र मापदंड थामे घूरता मर्दवादी पठार पार करना था
सो हमने कहा तुम चलो अपनी राह हम आधे के बाद साथ आएँगे
अभी हमारी बहुत-सी जगहें हैं जहाँ हम नहीं हैं
जहाँ यातना और दुख अपने मुँहदुबरई में सुख कहे जाते हैं
अभी दिन के उजास से आँखें अमिलाती हैं
अभी अँजोरिया घाम जैसी लगती है

अभी हमें देखना तुम एकदम से सह नहीं पाओगे
एक दिन जब देखना अपनी क्रिया के गर्भ में पहुँचेगा
तुम्हें जोर की उबकाई आएगी
प्रेम आँत से टूटकर गिर पड़ेगा वहाँ जहाँ सब मलिन होगा
उठाने को उठे तुम्हारे हाथ काँप उठेंगे
क्योंकि वहाँ प्रसव-घर में चीखती स्त्रियाँ होंगी
जिनके प्रसव अंग को कुछ स्त्रियाँ हाथ से चीर रही हैं
चीखती स्त्रियाँ भय और पीड़ा से आर्तनाद करती हैं
और ओसारे में सोहर उठ जाता है

फिर तुम देखोगे कि उन्हीं में से कोई एक स्त्री
अस्पताल के जनरल वार्ड में चीख रही है
और वे पहले की स्त्रियाँ नर्स दाइयाँ और कामचलाऊ डॉक्टर बनी हैं
अबकी वे और अश्लील गालियों के साथ थप्पड़ लगा रही हैं

वे अपने पीले दाँत दिखाते हुए कहती हैं
कि मर्द के साथ सोते हुए न चीखी और बच्चा जनते हुए चीख रही हो
भारतीय सामाजिकी तुलनात्मक अध्ययन का सबसे प्रचलित और विद्रूप प्रश्न है

इसके पहले घूँघट में एक पन्द्रह साल की बच्ची का दृश्य है
वह एक धुँधली रोशनी की छाँव में थकी, अनमनी बैठी है
जिसे अभी खाना और नींद चाहिए थी
उसे थमा दी जाती है एक जाहिल देह

जो खेत-खलिहान डाँकती
स्कूल पहुँचती किशोरी की देह में ढूँढ़ता रहा
नाच में सब मर्दों को आँचल ओढ़ाती औरत की देह
इस तरह वो एक देह की जरूरत में
एक जरूरी मन की सारी सतहों को जह-बिजह करता है
और भारतीय वाङ्मय उसे पवित्र दाम्पत्य कहता है

और भी स्त्रियाँ वहीं हैं कुछ घूँघट में हैं कुछ घूँघट से बाहर
कुछ घर में हैं कुछ धूप में भी चल रही हैं
सबके पास अकथ कहानियाँ हैं जिनमें दुख परम्परा की तरह पैबन्द है
और वे बुद्ध के उलट कहती हैं कहाँ है दुख!

दरअसल आज राशन खत्म है मजूरी नहीं मिली
प्रिंस के पापा की तनख्वाह नहीं मिली और कहीं कभी
दुर्घटनाबस परी के पप्पा पीकर घर आए हैं और गुस्से में
कुछ भाषायी और दैहिक हिंसा कर दिए हैं
इस तरह स्त्री को कैद करने की जिद घर नाम की व्यवस्था बनाता है
उन्हीं घरों से निकलकर लड़कियाँ कॉलेज, कोचिंग में तरई की तरह छिटक
गई हैं

इंस्टा के बाद वे यहीं सबसे ज्यादा हँसती हैं
यहाँ के बाद भविष्य की किस फाँक में दिखेंगी पता नहीं
क्योंकि चुनाव का अधिकार भी सुख-सुविधा का मुँह जोहता है
और शिक्षा इतनी ही प्रोग्रेसिव हुई है कि
पढ़ाई को एजुकेशन और डहकने को डिप्रेशन कहने लगी है।

मेरा जन्म वहाँ हुआ

मेरा जन्म वहाँ हुआ जहाँ पुरुष गुस्से में बोलते तो स्त्रियाँ डर जातीं
मैंने माँ, चाची और भाभी को हँसकर पुरुषों से डरते देखा

वो जीवन का पहला पुरुष, पिता को
किसी से भी तेज बोलते देख मैं डर जाती
वो दूसरा पुरुष भाई जिसे मुझसे स्नेह तो बड़ा था
मेरी किताबी बातों को ध्यानस्थ सुनता
पर दुनियादारी में मुझे शून्य समझता
वो कहता दी! यहाँ नहीं जाना है
मैं कहती, अरे! जरूरी है, क्यों नहीं जाना

तुम नहीं समझोगी
उसके चेहरे पर थोड़ा-सा गुस्सा आ जाता
मेरा मन डरकर खुद को समझा देता था कि
बाहरी दुनिया तो उसी ने देखी है
मैंने घर और किताबों के सिवा देखा क्या है

फिर तुम...
जीवन में तुम आए तो मुझे लगा
ये पुरुष मेरे जीवन के उन पुरुषों से अलग है
ये वो पुरुष थोड़ी न है ये तो बस प्रेमी है
फिर जब तुम पहली बार गुस्से से बोले तो
वही डर झट से मेरे सीने में उतर आया
जो पिता और भाई के गुस्से से आता था

मैं ढूँढ़ने लगी उस पुरुष को जो झुककर महावर भरे पैरों को चूम लेता था
कहाँ गया वो पुरुष जो कहता था कि तुमसे कभी नाराज नहीं हो सकता

मुझे गुस्सा आया उन कवियों पर जिन्होंने नारी को नदी
और पुरुष को सागर कहा
कितनी असमान उपमा थी ये
मैं अचरज से तुम्हें देखती रह गई तुम वही सदियों के पुरुष थे
मैं वही सदियों की स्त्री
मैं ठीक माँ, चाची और भाभी के बगल में खड़ी थी
और जान गई थी कि
क्षणिक प्रणय आवेग जीवन नहीं होता।

पिता के घर में

पिता क्या मैं तुम्हें याद हूँ!
मुझे तो तुम याद रहते हो
क्योंकि ये हमेशा मुझे याद कराया गया
फासीवाद मुझे कभी किताब से नहीं समझना पड़ा

पिता के लिए बेटियाँ शरद में
देवभूमि से आई प्रवासी चिड़िया थीं
या बँसवारी वाले खेत में उग आई रंग-बिरंगी मौसमी घास
पिता क्या मैं तुम्हें याद हूँ!
शुकुल की बेटी हो!
ये आखर मेरे साथ चलता रहा
जब सबको याद रहा कि मैं तुम्हारी बेटी हूँ तो तुम्हें क्यों नहीं याद रहा

माँ को मैं हमेशा याद रही
बल्कि बहुत ज्यादा याद रही
पर पिता को!
कभी पिता के घर मेरा जाना होता
माँ बहुत मनुहार से कहती
पिता से मिलने दालान तक नहीं गई
जा! चली जा बिटिया, तुम्हें पूछ रहे थे
कह रहे थे कि कब आई! मैंने उसे देखा नहीं!
मैं बेमन ही भतीजी के संग बैठक तक जाती हूँ
पिता देखते ही गद्‌गद होकर कहते हैं
अरे कब आई! खड़ी क्यों हो आकर बैठ जाओ

मैं संकोच से झुकी खड़ी ही रहती हूँ
पिता पूछते हैं मास्टर साहब (ससुर) कैसे हैं?
मैं कहती हूँ ठीक हैं!
अच्छा घर में इस समय गाय-भैंस का लगान तो है ना!
बेटवा नहीं आया?
मैं कहती हूँ नहीं आया

देखो अबकी चना और सरसों ठीक नहीं है
ब्लॉक से इंचार्ज साहब ने बीज ही गलत भिजवाया
पंचायत का कोई काम ठीक नहीं चल रहा है
ये नया ग्रामसेवक अच्छा नहीं है
अब मुझसे वहाँ खड़ा नहीं हुआ जाता
मैं धीरे से चलकर चिर-परिचित गेंदे के फूलों के पास आकर खड़ी हो जाती हूँ
पिता अचानक कहते हैं अरे वहाँ क्यों खड़ी हो वहाँ तो धूप है!
मैं चुप रहती हूँ
माँ कहती हैं अभी मुँह लाल हो जाएगा

पिता गर्वमिश्रित प्रसन्नता से कहते हैं
और क्या धूप और भूख ये कहाँ सह पाती है
मेरी आँखें रंज से बरबस भर आती हैं
मैं चीख कर पूछना चाहती हूँ
ये तुम्हें पता था पिता!
पर चुप रहकर खेतों की ओर देखने लगती हूँ
पिता के खेत-बाग सब लहलहा रहे हैं

बूढ़ी बुआ कहती थीं
दैय्या! इत्ती बिटिया!
गाय का चरा वन और बेटी का चरा घर फिर पनपै तब जाना!
बुआ तुम कहाँ हो! देख लो!
हमने नहीं चरा तुम्हारे भाई-भतीजों का घर
सब खूब जगमग है
इतना उजाला कि ध्यान से देखने पर आँखों में पानी आ जाए।

वे सब मेरी ही जाति से थीं

मुझे तुम न समझाओ अपनी जाति को चीन्हना श्रीमान
बात हमारी है हमें भी कहने दो
ये जो कूद-कूद कर अपनी सहूलियत से मर्दवाद का बहकाऊ नारा लगाते हो
उसे अपने पास ही रखो तुम

बात सत्ता की करो
जिसने अपने गर्वीले और कटहे पैर से हमेशा मनुष्यता को कुचला है
जिसकी जरासन्धी भुजा कभी कटती भी है तो फिर से जुड़ जाती है
रामचरितमानस में शबरी-केवट-प्रसंग सुनती आजी सुबक उठतीं और
घुरहू चमार के डेहरी छूने पर तड़क कर सात पुश्तों को गाली देतीं

कोख और वीर्य की कोई जाति नहीं होती यह वे भी जानती थीं
जो पति की मोटरसाइकिल पर दौड़ती रहीं जौनपुर से बनारस तक
गर्भ में आई बेटी को मारने के लिए
जो घर के किसी मांगलिक कार्य में बैठने से इनकार कर देती हैं
बिना सोने का बड़का हार पहने, सब मेरी ही जाति से हैं

चकबन्दी के समय एक निरीह स्त्री का खित्ता हड़पने के लिए
जिसने अपनी बेटियों को कानूनगो के साथ सुलाया
जो रात भर बच्चे की दवाई की शीशी से बने
दीये के साथ साँकल चढ़ाए जलती रही
और थूकती रही इस लभजोर समाज पर
वह भी मेरी ही जाति से थी

जानते तो आप भी बहुत कुछ नहीं हैं महाराज!
हरवाह बुधई का लड़का जिसे हल का फार लगा
तो खौलता हुआ कड़ू का तेल डाल दिया गया
उसका चीख कर बेहोश होना जमींदार के बेटों का मनोरंजन बना
बुधई का लड़का अब बड़ा हो गया है
और उसी परिवार के प्रधान बेटे की राइफल लेकर
भइया जिन्दाबाद के नारे लगाता है
तो हाँफता समाजवाद वहीं सिर पकड़कर बैठ जाता है

मेरी लड़खड़ाती आवाज पर आप हँस सकते हैं
क्योंकि मेरी आत्मा की तलछट में कुछ आवाजें बची रह गई हैं
जो एक बच्ची से कहती थीं कि तुम्हें किसी सखी-भौजाई ने बताया नहीं
कि रात में होंठों को दाँतों से दबाकर
चीख कैसे रोकी जाती है जिससे कमरे से बाहर आवाज न जाए

हम जब ठोस मुद्दे को दर्ज करना चाहते हैं तो उसे भ्रमित करने के लिए सिर से पैर तक सुविधा और विलास में लिथड़े जन जब कुलीनता का ताना देकर व्यर्थ की बहस शुरू करते हैं तो मैं भी चीन्ह जाती हूँ विमर्श हड़पने की नीति

मुझे आपकी पहचानने की कला पर सविनय खेद है श्रीमान
क्योंकि एक आदमीपने को छोड़ आपने हर पन पहचान लिया
जो घृणा के विलास से मन को अछल-विछल करता है
रोम जला भर जानना काफी कैसे हो सकता है
जब रमईपुरा और कुँजड़ान कैसे जले आप नहीं जानते
जहाँ समूची आदमीयत
सिर्फ घृणा-रसूख-नस्ल और जाति जैसे शब्दों पर खत्म हो जाती है
अपने कदमों की धमक पर इतराना तो ठीक है पर
बहुत मचक कर चलने पर धरती पर अतिरिक्त बोझ पड़ता है

तुम अपनी बनाई प्लास्टिक की गुड़ियों से अपना दरबार सजाओ महानुभाव
मन की कारा में आत्मा बहुत छटपटा रही है
मुझे अपनी कँकरही जमीन को दर्ज करने दो
जो मेरे पंजों में रह-रह कर चुभ जाती है।

विस्थापन कई किसिम के होते हैं बन्धु

कुछ विस्थापनों के दर्द से मानवाधिकार भी रोता है
तो कुछ विस्थापन ऐसे भी हुए कि माँ जायों ने राहत की साँस ली
पिता के सिर से बोझ उतर गया
माँ ने सगर्व कहा अपने राजे-सुहागे गईं
खैर बिन ताज और राज के कैसा राज्याधिकार ये ठीक-ठीक माँ को भी
नहीं पता

कायदे से तो मुँह फेर लेना चाहिए था उस बाग-खेत और रहन को देखकर
जहाँ पकने से पहले हमारे कच्चे तन-मन को उखाड़ दिया गया
पर होता ये कि वहाँ से गुजरते हुए भभर कर रो पड़ता मन
आँसुओं को चीर कर नजर उस जर्रे को भर निगाह निहारती

बाजार का वो चौराहा जहाँ से मेरे गाँव की तरफ सड़क मुड़ती
माँ के चेहरे की तरह चिरपरिचित और शीतल लगती
कायदे से देखें तो अब बचपन के सभी पेड़ ठूँठ हो गए थे
पर जाने क्यों मुझे हरियराए लगते हैं
लगता है कोई हरापन मेरी ही आँखों में छूट गया है

इलाहाबाद जाते हुए रास्ते में पड़ता वो चौराहा
जहाँ से मेरे घर की तरफ सड़क जाती है
आँखें फेरना चाहती हूँ इन सबसे
जबकि होता ये है कि घर से निकलने के थोड़ी देर बाद ही
ये मेरी आँखों में आकर इत्मीनान से बैठ जाते हैं

बस का शीशा एकदम से खोल कर जी भर
देखती उस कब के छूटे बाजार चौराहे को

फिर बस चल पड़ती है सब कुछ तेजी से छूटने लगता है
मेरा स्कूल कॉलेज सरकारी अस्पताल पानी की बड़की टंकी
हमेशा भीड़ लगी रहने वाली वो स्टेशनरी जहाँ की नोटबुक के पन्ने बेहद साफ होते
जिसे खरीदने के लिए हम पहरों खड़े रहते और कोई क्लास छूट जाती

अब जब इन दिनों मुझे सारी दुनिया की खैर-खबर रहती है
तो वो दिन कम याद आने लगे हैं

नहीं हुआ इतना पोढ़ कलेजा इक़बाल
कि हम कहते कि जिस खेत से दहकाँ को मयस्सर नहीं रोटी
उस खेत के हर खोशा-ए-गंदुम को जला दो
क्रान्ति की किताबें बहुत पिछैती से पढ़े हम इक़बाल
जलाना तो दूर उन पर खरोंच आए तो आत्मा कलझ उठती है।

फँसी हुई लड़कियाँ

उसके गाँव-जवार और मुहल्ले का
असाध्य और बहुछूत शब्द था ये
कुछ तथाकथित प्रेमियों ने अपने जैसे
धूर्त दोस्तों में बैठकर कहा बेहयाई से
कि फला लड़की फँसी हुई है मुझसे

उसे नफरत थी इस शब्द से
उसने जहाँ भी सुना कि वो लड़की किसी से फँसी हुई है
उस लड़की के लिए घृणा से उसका मन भर गया
फँसी हुई लड़कियों को देखकर लगा कि कोई गलीज चीज देख ली

फिर एक दिन उसे प्रेम हुआ अप्रत्याशित
अब उसके सर्वांग से फूटती थी एक आदिम महक
आँखें अड़हुल के फूलों की तरह दहकने लगीं
प्रेयस ने उसे बताया प्रेम आत्मा का पवित्रतम रूप है
प्रेयसी को प्रार्थना की सुरीली धुन कहा
वो मगन रही कि वो प्रेयसी है
गर्व रहा कि वो फँसी हुई लड़की नहीं है
और उन फँसी हुई लड़कियों से और घृणा की

फिर एक दिन उसने सुना, कोई कह रहा था
उसके प्रेमी का नाम लेकर कि
वो तो फला से फँसी हुई है
अचानक खुद के लिए ये शब्द सुनकर

घिन, अपमान, दुख और क्रोध जैसी कितनी संवेदनाओं से काँप गई वो
लगा कि कस्बे के सबसे गन्दे नाले में गलती से आ गिरी

फिर थोड़ी देर सोचकर उसने हँसकर कहा
इतनी भी खराब नहीं होतीं फँसी हुई लड़कियाँ!
प्रेम के अभिजात वैभव का सौभाग्य
और समाहारक हैं यही फँसी हुई लड़कियाँ!

प्रेम करना या फँसना

हम दोनों नए-नए प्रेम में थे
उसके हाथ में महँगा-सा फोन था और बाँह में औसत-सी मैं
फोन में कई खूबसूरत लड़कियों की तसवीरें दिखाते हुए उसने
मुस्कुराते हुए गर्व से कहा, देख रही हो ये सब मुझपे मरती थीं
मैंने कहा और तुम! उसने कहा, जाहिर है मैं भी प्रेम करता था

मुझे भी थोड़ा रोमांच हुआ
मैंने हसरत और थोड़ी रूमानियत से लजाते हुए कहा
मेरे भी स्कूल में एक पगलेट-सा लड़का था
मुझे बहुत अच्छा लगता था, हम खूब बातें करते थे
तब उसने मेरी ओर हिकारत से देखकर कहा
अच्छा तो तुम एक पागल से फँसी थी

मैं आज तक न समझ पाई भाषा का ये व्याकरण कि
एक ही संवेदना में वो कैसे प्रेम में था और मैं कैसे फँसी थी।

प्रेम में किया गया अपराध

प्रेम में किया गया अपराध भी अपराध ही होता है दोस्त
पर किसी विधि की किताब में उसका दंड निर्धारण नहीं हुआ
तुम सुन्दर हो! ये वाक्य स्त्री के साथ हुआ पहला छल था
और मैं तुमसे प्रेम करता हूँ आखिरी अपराध
उसके बाद किसी और अपराध की जरूरत नहीं पड़ी

कभी गैरजरूरी लगने लगे प्रेम या खुद को जाया करने की कीमत माँगने लगे आत्मा
तो घृणा या उदासीनता से मुँह न फेरना
अपना कोई बड़ा दुख बताकर किडनी या गुर्दा माँग लेना
वो हँसकर दे देगी!
देने को तो तुम्हें अपनी जान भी दे देगी पर वो तुम्हारे किस काम की दोस्त!

देह बड़ी सुविधा की चीज है

तुम एक देह की बात न करो दोस्त
अगर तुम्हारा वो बिरादर ईश्वर, हमें देता सौ देह
वो भी तुम्हारे प्रेम नाम के खेल पर वार देते
पर अफसोस उसने हमें बस एक ही देह दी
और उसमें गलती से सवालों से भरी आत्मा दे दी

स्त्रियाँ आदिकाल से जीतने की चीज थीं
उन्हें जीतो साम-दाम-दंड-भेद चाहे जैसे
पर इतने हथियारों की जरूरत कहाँ पड़ती है
प्रेम है ना, वो सब शस्त्रों पर भारी पड़ा
उस कला का समुचित उपयोग किया तुमने

सदियों से हम देह की नीली साड़ी उतार कर
तुम्हारे अवगुणों पर अवगुंठन खींचते रहे
तुम सगुन में दुखों का छापा मन पर मारते रहे
स्नो व्हाइट के गले में अटका विषैला सेब उछलकर बाहर
नहीं आ रहा है दोस्त
अबकी आखेट से भटका राजकुमार सदियों की सोई राजकुमारी
के माथे पर नहीं
छाती पर हाथ रखता है
कभी एक तीर साहिबा ने माँ जाए के लिए तोड़ा था
मिर्जा सदियों से ऐसे कितने तीर महज मनसायन के लिए तोड़ता है

देह बड़ी सुविधा की चीज थी

हम नाहक आत्मा के जाल में उलझे रहे दोस्त
देख लो आज जीत देह की हुई
इस दिन को उत्सव का दिन मानकर कैलेंडर में सहेज लेना।

महाशस्त्र

जब तुम साथ कहोगी तो वो प्रेम कहेगा
जब तुम प्रेम कहोगी तब वो प्रणय कहेगा
जब तुम प्रणय कहोगी तो सावधान रहना वो पाप कह सकता है

एक दिन तुम उछाल देना उसके सारे नैतिक शब्दों को
साहस करना और बस संसर्ग कहना
तब देखना वो तिलमिला कर फेंक देगा अपने सारे चमकीले हथियार
और अपने महाशस्त्र प्रेम के लिए बिकल हो जाएगा।

पिता और बच्चियाँ

जिन पिताओं को पूर्वाभास था कि अँधेरों से डरती हैं उनकी बच्चियाँ
उन्होंने क्यों नहीं सिखाया अँधेरों से लड़ना!
कुछ दूर साथ चलकर राह के गड्ढों और खाइयों का सही अन्दाज लगाना ही
  सिखा देते!
वे उलझे रहे स्वयं में नहीं देखा कि उनसे निकली एक कोमल छाया अकेली रह गई है!

पिता को कभी ये भी बता देना चाहिए
मेरी जैसी छाया देखकर हमेशा छूने की कोशिश न करना
कभी-कभी किसी जगह मैं भूल जाता हूँ कि मैं पिता हूँ और बन जाता हूँ बस पुरुष

पिता को विभीषण बनकर बच्चियों को बताना चाहिए
अपनी जाति का वो अभेद अचूक अहिंसावादी हथियार—'मैं तुमसे प्रेम करता हूँ'
जिससे स्त्रियाँ हमेशा हारती रहीं

अगर कभी ये भी चूक जाए तो एक ब्रहास्त्र भी हम रखते स्त्रियों को जीतने के लिए
उनकी करुणा के आगे डाल देते हैं अपना दुख, जिसमें वो फँसती ही हैं
उन्हें बस मैथ के समीकरण इतिहास की तारीखें समझाना काफी नहीं
सारी शिक्षा के साथ एक मुख्य नस्ल की विशेषता बताना भी जरूरी है

कम से कम अपनी प्रजाति को ठीक से पहचानना
हर पिता को सिखा देना चाहिए अपनी बच्चियों को।

वे कहाँ हैं जो कविता लिखती हैं

वे बहुत दिन बाद आए हैं
भइया के सखा हैं
तो रवायतन मेरे भइया हैं
किसी पत्रिका में मेरी कविता पढ़ अभिभूत हैं

भइया से अक्सर मेरा बखान करते
एक बार मिलना चाहते
भइया भी अप्रत्याशित गर्व से भर जाते
और लखनऊ आने पर मुझसे मिलवाने का वादा करते

फिर जल्दी संजोग बना भतीजे के हैप्पी बर्थ डे में वे पधारे
भइया ने भीड़ में से मुझे बुलाया और हहर कर बताया
इनको नहीं पहचान रही हो ये अमरेंदर हैं बहरिया के
याद नहीं, पहले कितना घर आते थे
अब यहीं रशद विभाग में इंस्पेक्टर हैं

अपने घर-जवार की चिन्हारी में ढला हम भाई-बहनों का मन
पिता, चाचा, आजा के जनारी भर की हमारी दुनिया
जहाँ उजाला भी उनकी ही खादी की धोतियों से छनकर आता था
सँझियरई में बिहँसे हमारे गँवई चित्त
हम मनुष्य भी उतने ही थे जितना चीन्ह में आते थे

भइया के जेहन में कैसे आती मेरी कोई अलग पहचान
हम दोनों एक-दूसरे को याद नहीं थे रोज घर आने से क्या होता है

सयानी लड़कियाँ क्या बैठक तक आती हैं
मैंने काफी कोशिश की कि उन्हें भर निगाह देख कर नमस्ते कहूँ पर सब बेकार

सनई के बोझ से गरुवाई स्थानीयता मुझ पर काबिज हो गई
जड़ संकोच से पलकें ऐसे कनरी कि तर से उप्पर न हुईं
ढाक के भीगे पेड़-सी खड़ी रही
अन्तत: उन्होंने अभिवादन करके निहायत जहीन अन्दाज में मुझसे कहा
अच्छा, 'वे कहाँ हैं जो कविता लिखती हैं।'

पीड़ा या राजनीति

हमने लिखा प्रेम वे खुश हुए
हमें धरती कह खुद को सूरज, चाँद, आसमान ग्रह, नक्षत्र सब मान बैठे

विरह लिखा तो तड़प उठे और साथ खड़े होकर वेदना में स्वर मिला दिए
प्रणय लिखा मान्यवर मगन रहे
हमें ही प्रेम का आदि और अन्त सब कहा
और अपनी लफ्फाजी से बनाए ताज को हमारे सिर धर कर हमें अनुगृहीत किया
लिखा हमने मात्र स्त्री दुख वे दुखी हुए और साथ आकर हमसे भी तेज रोने लगे

इस तरह हमारा मन बढ़ गया
एक दिन हमने लिखा भूख, सारे शोषितों की आह
उनकी सुविधाओं की परत, जंगल, पेड़ और नदियों के दुख
उन्हें तब अच्छा नहीं लगा
कहने लगे बहुत राजनीति कर रही हो

बहुत बेस्वाद जायका था हमारे उस कहन का
उन्हें बार-बार उबकाई आई
और अपने चौतरफा, चमचमाते बुकशेल्फ की ओर देखते हुए कहा
बहुत आगे बढ़-बढ़कर कहना अच्छा नहीं होता।

दुख से सगेदारी

अपनी सारी सगेदारी को खँगाल कर देखा तो दुख ही सबसे सगे मिले
बहुत बार दुख को बहकाना चाहा
बहुत बार कोशिश की कि इन्हें कहीं छोड़कर आ जाऊँ
जिससे ये दुबारा मुझ तक न पहुँच सकें
पर हर बार ये मुझे ढूँढ़ते हुए लटपट आए
तब मन में निजता की साझेदारी टूट जाती
आत्मा करुणा के दाहिने खड़ी होती

तुम जब भी आए झझक कर आए और दोनों हाथों में सुख लेकर आए
और हर बार निराश लौटे
तुमने जब भी कहा बहुत प्रेम करता हूँ तुमसे
मन पाथर हो जाता है
ये आखर इतना जुठारा गया है कि आत्मा चखने से करमराती है
बात ठीक-ठीक प्रेम की भी नहीं है
धरती पर दुखों की अलग नातेदारी है
हम करुणा के उसी वृत्त में खड़े हैं

इस बार तुम दुख का बाना ओढ़कर आए हो
मैंने दूर से ही तुम्हें पहचान लिया और मन ही मन गहरी उदासी बुनने लगी
क्योंकि जान गई हूँ अबकी डूबना तय है
पर इस लहर में डूबना नियति नहीं है
समय उछाल कर फिर से फेंक देगा
और तब फिर से कोई दुख ही सहारा देकर किनारे लाएगा।

वे जब आईं

वे जब आईं तो अपना पिछला जिया साथ लाईं
वे जब आईं घर-आँगन एक शीतल उजास से भर गया
ये जहाँ बैठतीं साँझ-बिहान कर देतीं
दुख-सुख की बातों से नहाती-पछारतीं
वे अपने आँचल की गाँठ में मुस्कुराहटें बाँध कर लातीं
और बीच दुवारे पर खोल देतीं
जब बरसों बाद लौटीं तो इनके लगाए हुए पेड़ मुस्कुरा उठे
अड़हुल, कनेर खिल कर इनके आने की खुशी में अछल-विछल हो गए

ननदें जब भी फोन करतीं तो साध से गाँव-घर की एक-एक चीज पूछतीं
मैं बाद के दिनों में बताते हुए अन्दर से खीज पड़ती
वे पूछतीं तारा पर वाली बड़की माई कैसी हैं
बरसठी वाली चाची कैसी हैं
गाँव की बड़की भाभी के बेटवा कुछ सुधरा कि नहीं
मझली बुआ कब की आई हुई हैं
अच्छा गाँव में किसकी-किसकी शादी पड़ी है
चितकबरी गाय कब बच्चा देगी
जबकि मुझे और उन्हें भी पता है न चितकबरी गाय का दूध पिएँगी
न ही गाँव में किसी की शादी में रहेंगी

वे हवलदिली से पूछतीं मैं मन गिराकर बताती
फिर भी वो तो पूछती रहतीं
अबकी मिठुआ आम आया था
महुआ तो अब कोई बीनता नहीं

फिर हँसकर कहती हैं बड़हल और कटहल अब भी पक कर फूट जाते हैं
फिर उदास होकर कहती हैं भाभी आज सपने में पापा को देखा
कह रहे थे बिट्टी तू कैसी होती जा रही है, अब हँसती क्यों नहीं
पगलो! तुम्हें मैं सबसे ज्यादा मानता था
और अन्त में कहा तुम चिन्ता मत किया करो बिटिया
मैं तुम लोगों को यहीं से देखता रहता हूँ

अब मेरा मन भर आता है एक बाईस साल की लड़की रात को रोज रोती है
गुरुग्राम शहर में बहुत शोर है कोई नहीं सुनता
कोई सुनना भी नहीं चाहता
मैं कहती हूँ बच्ची तुम अबकी छुट्टियों में जरूर आना
मायके से कोई इतना जोर देकर बुलाए तो
स्त्रियाँ आगत-विगत सब भूल जाती हैं
वे नहीं जानतीं किसी बड़की अदालत को
जिसने सदियों बाद इन्हें पिता की जायज सन्तान करार दिया
ये नहीं जानतीं बुलाने वाला इन पर एहसान नहीं कर रहा है
इनके हिस्से की सम्पत्ति दबा कर बैठा है
गैरत के नाम पर यहाँ सम्बन्धों की दुहाई है
वे हुड़क कर कहती हैं हाँ भाभी आऊँगी, सबकी बड़ी याद आती है
बेटे को भी बड़ा नीक लगता है

गजब के सुख हैं इनके क्वार की बारिश की तरह
फरीदाबाद वाली ननद का बहुत बार फोन नहीं उठा पाने का पाप मुझसे ढोया नहीं जाता
वो चौथी बार फोन उठाने पर भी खुश हो जाती
उसे खुश करने के लिए काफी होता कि अच्छा फिर से भेजो अपनी दीवाली वाली फोटो
साड़ी गजब थी तुम्हारी
फिर वो चहक उठती हैं जैसे तीन साल की बच्ची को किसी ने काँधे पर उठा लिया
वो खुश होकर बताती हैं भाभी एक नई पार्लर वाली मुझे इतना मानती है कि क्या कहूँ
कभी-कभी मैं कह देती हूँ बेबी पार्लर वाली तुम्हें मानती नहीं बेवकूफ बनाती है
बेचारी का मन ठहर जाता है
फिर मैं कहती हूँ अच्छा बताओ तुम्हें भला किसी पार्लर की जरूरत है!

बड़की अम्मा की कोख ही पार्लर थी

वो जब भी दिल्ली से आई हारा हुआ तन-मन देख मुझे रंज होता
मैं जितनी देर में उसे स्त्रियों के सशक्त होने के मूल्य समझाती
और निराश होती जब वो उससे ज्यादा देर तक मुझे फिट रहने
और खूबसूरत दिखने के तरीके बताती
आग लगे संसार के सारे ब्यूटी टिप्स को
जिसे उसने प्राइमरी स्कूल के इमले की तरह रट लिया था
ऋषिकेश वाली ननद को कई महीने बाद फोन करने पर तबियत का खयाल रखो,
जैसी कड़ी हिदायत देकर महीन्गें के लिए चेहरे पर हँसी लौटा देती हूँ
घर कब आओगी, बहुत दिन हो गए बच्चों को देखे
कहकर एक सूखती आस को सींच देती हूँ

इन्हें कैसे समझाऊँ हमारी आत्मा जिस जड़ से लसरियाई गई है
उसने हमेशा हमें दोयम दर्जे का नागरिक माना
छुटपन में ये इमली के बीज, कंचे, रंगीन घुमचियों को छुपाकर जमीन में गाड़तीं
अनजाने में ये अपनी आत्मा भी यहीं की मिट्टी में गाड़ गई हैं
और ये कविता है कि खत्म ही नहीं हो रही है...!

पिता की परिचारिका माँ

दिया-बाती की तरह माँ के साथ जल भी न पाईं वो बेटियाँ
जहाँ माँ आजीवन पिता की परिचारिका बनकर रह गई!
ये पिता किसी एक रूप में नहीं थे
जिसमें जितना पौरुष वो उतना बड़ा तानाशाह
ये हल चलाने वाले कचहरी जाने वाले प्राइमरी में पढ़ाने वाले
संस्कृत महाविद्यालय में कठोपनिषद पढ़ाने वाले
थाने में दलाली करने वाले गाँव की प्रधानी करने वाले
गुस्से से बोलने वाले औरतों से कम बात करने वाले
परम्परा की दुहाई देने वाले

बेटियाँ जब एकाध भीगे सावन में लौटीं तो दुपरिया-तिजहरिया आँखें भी भीगती रहीं
बेटियों ने जब कहा कि नहीं उठा जाता इतना मुँहअँधेरे
नहीं भूखा रहा जाता सबके खाने तक, पीरियड आने पर नहीं होता इतना काम
तब ये माँएँ कहतीं बिटिया वो नइहर थोड़ी है इतना तो सहना ही पड़ता है
और तुम न ये किताब-कॉपी छोड़ो
गुन-सुभाऊ होना चाहिए
हर जगह जाँगर की ही पूजा होती है
माँ की मुँहदुबरई में ढली ये बेटियाँ सहज ही चुप हो जातीं
लेकिन जानती थी अगर जाँगर की ही पूजा होती तो
हाकिम को गद्दी से खींचकर मजदूर-किसान बिठा दिए जाते

इन बेटियों को याद रहा छुटपन का वो मड़ियाँन-सा सावन
जहाँ चौरा माई के थान पर बुआ कजरी ढूँढ़ कर गा रही हैं
(दिन भरी रहे बेटी तोहरे बाबा की टहलिया में ना

नियायीं रतिया में बेटी आवइ तोर खियलिया, नियायीं रतिया ना)
जिसमें बेटी माँ से पूछती है माँ तुम्हें मेरी याद कब आती है
माँ ने करुण-गर्व से कहा जब आधी रात को तुम्हारे पिता की टहल से निवृत्त होती हूँ
तब तुम्हारी याद आती है बेटी!
जबाब में दीनता की इतनी तहें थीं कि प्रश्न ही क्रूर लगते।

उनके रोने से धरती भीज रही है

जिन शहरों में गिलहरियों के कत्लगाह हों
वो शहर खूबसूरत कैसे हो सकते हैं!
मेरी एक दोस्त कहती है बस तुम बनारस आओ
मुझे तुम्हें अपनी नजर से बनारस दिखाना है
फिर वो बनारस की संस्कृति, कला, मन्दिर घाट बाजार की
भीड़ बखानते हुए डूब जाती है
इधर मैं चुप हो जाती हूँ
मुझे तुम याद आने लगती हो!

इसी बनारस की किसी गली में खूब चीखी होगी तुम
घंटे-घड़ियाल के शोर में दब गई होंगी तुम्हारी चीखें
मैं जानती हूँ अपनी माँ को पुकारते हुए तुमने
मुझे भी एक बार पुकारा होगा, उसी चिर-परिचित सम्बोधन में भाभी!
जैसे एक बार करंट लगने पर घर लोगों से भरा था पर तुमने मुझे ही पुकारा था
तुम नहीं जानती वो चीख मैं नींद में भी सुनती हूँ
और जाग जाती हूँ, एक पहर तक रोती हूँ
फिर तुम्हारी यादों में खो जाती हूँ

संसार मे इतना प्यार है तुमसे पहले मुझे एहसास नहीं था
बिसाती की आवाज सुन तुम मेरी तरफ ऐसे देखती
जैसे नवजात बछड़ा गाय को निहारता है
मैं तुम्हें कुछ दिला देती जैसे रिबन क्लिप या तुम्हारे लिए सस्ते से अंत:वस्त्र
तुम शरमाते हुए दिन भर मुझे कृतज्ञता से देखती
मुझे सँवारना तुम्हारा सबसे प्रिय खेल था

मैं कितना भी डाँटती कि घर जाओ
तुम जब तक मेरी माँग काढ़कर बसन्ती सेंधुर न भर देती जाती नहीं थी

तुम पैरों में महावर लगाती और हाथों में नेलपेंट लगाने के लिए तरसती
क्योंकि मेरे हाथ में किताबें होतीं
मुझे तुम्हारे हाथ में किताब देखने की कितनी साध थी
ये तुमसे ज्यादा कौन जानता है
पर तुम्हारी माँ के कारण तुम सिर्फ अक्षर सीख पाई

मैं शरद को पढ़ती कि स्त्रियाँ जिस हद तक घृणा तिरस्कार सह सकती हैं
उतना संसार में कोई नहीं
ये मैंने तुममें देखा था

तुम्हारी आजी आती अक्सर तब तुम आँगन में खाना खा रही होती
कितनी घृणित गालियाँ देती तुम्हें
मैं डाँट देती उन्हें गुस्से से पर तुम हँस कर सिर नीचे कर लेती
और मेरे वो सब सुन लेने पर शर्मिन्दा होती

सब कहते हैं वो लड़का तुम्हारा प्रेमी था हो भी सकता है
पर मैं कहती हूँ तुम्हें प्रेम करने लायक साथी ईश्वर ने नहीं बनाया था
सब कहते हैं कि उसने तुम्हें ले जाकर बनारस में बेचा
मैं जानती हूँ किसी ने ध्यान से देखा नहीं होगा
जिस कमरे में तुम चीखी होगी उस कमरे की दीवारों में दरारें फट गई होंगी
तुम्हारे घर तुम्हारा कोई नाम नहीं लेता
तुम्हारा भाग जाना तुम्हारी मौत से कहीं बड़ी त्रासदी है

कोई कहता है जिन्दा हो नेपाल में हो
मेरे एक बड़े भइया कहीं यात्रा पर जाते हैं तो अपने बचपन के चरवाह बिपत दादा को ढूँढ़ते हैं जिनकी थाली से कौर उठाकर बचपन में खा लेने पर दादी ने भइया को बखार घर में बन्द कर दिया था

अब दादा पागल होकर कहीं चले गए थे
भइया जहाँ कहीं जाते हैं सड़क के पागलों-भिखारियों में उन्हें ढूँढ़ते हैं
बहुत बार मन हुआ कि कहूँ कि तुम्हें भी ढूँढ़ें

पर जानती हूँ वे कहेंगे नाम न लो उस बेहया का
तब मैं नहीं कह पाऊँगी कि वो बेहया नहीं थी
बेहया होती तो फिर से इस समाज की छाती पर आकर उग जाती
वो तो बेहया का बैगनी फूल थी
जिसके शीतल सौन्दर्य को देख धरती तृप्त होती है

रात को सन्नाटा होने पर एक साँवली-सी लड़की
मेरे कमरे के डेहरिचे पर बैठकर भाभी कहकर सिसक उठती है
मैं अपने साथी से अक्सर कहती हूँ जैसे कहीं कोई रो रहा हो
वो कहते हैं बिल्ली के बच्चे होंगे! तुम सो जाओ
अब किसी को तुम याद नहीं हो
और मुझे भूलती नहीं हो

तुम चली जाओ गुड़िया मेरे जेहन से अब सहा नहीं जाता
तुम किसी दूर देश चली जाओ जहाँ परियाँ और तितलियाँ रहती हैं
जहाँ लोरियों में प्रेम के किस्से सुनाए जाते हों
जहाँ प्रेम के लिए भाग कर जान न गँवानी पड़ती हो
जहाँ एक विधवा और विकलांग को प्रेम हो जाने पर सिर मुड़ाकर
कालिख पोत गधे पर न घुमाया जाता हो
जहाँ प्रेमिका से मिलने उसके घर गया प्रेमी जिन्दा लाश बनकर न लौटता हो
जहाँ प्रेम हो जाना एक फूलों के उत्सव के रूप में मनाया जाता हो

जहाँ नदियाँ पाटी न जाती हों
हरे पेड़ काटे न जाते हों
जहाँ पिता कहता ब्याह इतना भी जरूरी नहीं होता मेरी लाडो
यहाँ बुलबुलें दुख की लोरी से सोती हैं और
डर, तिरस्कार की प्रभाती से जागती हैं
उनके रोने से धरती भीज रही है...!

अभुवाता समाज

वे शीशे-बासे से नहीं हरी कनई मिट्टी से बनी थीं
जिसमें इतनी नमी थी कि एक सत्ता की चाक पर मनचाहा ढाल दिया जाता
नाचती हुई एक स्त्री को अचानक कुछ याद आ जाता है
सहम कर खड़ी हो जाती है माथे के पल्लू को और खींच कर
दर्द को दबा कर एक भरभराई-सी हँसी हँसती है
हमार मालिक बहुत रिसिकट हैं
हमरा नाचना उनका नाहीं नीक लगता
साथ पुराती दूसरी स्त्री भी चुप हो जाती

ये वही आखी-पाखी लड़कियाँ थीं जिनके दुख धरती की तरह थे
उसी की तरह नाच कर कुछ पल के लिए खुद को भूल जाना चाहती थीं
हालाँकि इनके नाचने से बहार नहीं लौटती
और बज्र झूरे में बादल भी घुमड़ कर नहीं बरसे कभी
ये रोतीं तो पवित्र ओस से धरती भीग जाती
छनछना कर पैर पटकतीं तो अड़हुल कनेर चटक कर खिल जाते
पर अब ये डरती हिरनियाँ हैं
जो कुलाँचे के लिए तरसती हैं

ये क्यों डरती हैं, बेहद डरती हैं किसी अपराध से नहीं
कभी किसी ब्याह, छठ बरही में डर भूलकर ये नाच उठती हैं
बम्बई में बैठा पति खूब गाली देता है
हरजाई पतुरिया की बेटी है बिना नाचे नहीं रहा जाता
फिर भी मोरनियाँ थीं जब भी कोई ननद जेठानी हुलस कर कहती
फलाने बहू बाजे पर तोहार नाच देखे बहुत दिन हो गया

फलाने बहू खुद को रोक नहीं पातीं
झमक कर नाच उठतीं

गाँव का कोई मनचला देवर फलाने को फोन करता
भौजी बाजे पर गजब नाचती हैं हँस कर कहता
फलाने अगिया-बैताल हो जाते
लौटने पर नचनिया की बेटी को खूब कूटने का वादा करते
फलानेबहू की बूढ़ी माँ के साथ उनके पिता की जगह
खुद के सोने का फरमान जारी करते
साथ में सात साल की बिटिया को संस्कार देने का आदेश देते

एक अभुआता समाज कायनात की सारी बुलबुलों की गर्दन मरोड़ रहा है...!

आदर्श रहनवारी

वे जीवन की आदर्श रहनवारी सीखने के दिन थे
वे अब की और तब की स्त्रियों के गुरु शिष्य परम्परा के दिन थे
ब्याह किसका पड़ा था बड़के भइया का या छोटके भइया का कुछ ठीक से याद नहीं
हम दुपहरिया-तिजहारिया दालान से लेकर
अगवारे-पिछवारे तक फैली स्त्रियों से जीवन और गीतों की रहन सीखते
वे बेहद उच्च आदर्श में भर कर कहतीं
आग में जल जाना चाहे नदी में डूब कर मर जाना चाहे
ससुराल से निकाली जाने पर नैइहर मत आना

हमारे पास तब आँचल नहीं था कि ये बातें उसमें बाँध लेते
हम फ्रॉक के फन्दों में ये बात कसकर बाँधते
वो सहने और सतीत्व के किस्से हमें गर्व और रोमांच से भर देते
इतना कि बाद के दिनों में हम खुद को उनका उत्तराधिकारी मानने लगे

ब्याह के मड़वे के गीतों से जाना कि हम दुवारे बँधी चितकबरी बछिया और भुवरकी
पँड़िया जितना भी घर में रहने की औकात नहीं रखते

तब रंग बहुत चटक था और अंकगणित बहुत प्रिय था तो कदम-कदम पर सहेजा
गया कि कुछ गुन-शऊर सीख लो ये गोराई और पढ़ाई काम नहीं आएगी

हालाँकि बाद में दोनों नहीं रहे, उनके न होने के ताने रहे
जाने कैसे बची रही मेरी मनहँसनी आत्मा
दिन-रात जलते चूल्हे ने मन और देह को तपाकर घड़े जैसा पक्का कर दिया
गर्भवती स्त्रियाँ उल्टियाँ करतीं फिर रसोई में मनसायन करतीं

उनसे पहले की स्त्रियाँ कहतीं अब की स्त्रियाँ शीशा-बासा हैं
हमने तो दर्जन बच्चे जने एक टिकिया दवा न खाई
कूटते-पीसते दिन बिताते थे मजाल क्या कि कभी उफ किए

ये अब की स्त्रियाँ उनकी बराबरी करने लगतीं
तपते बुखार में मुँह अँधेरे उठतीं आँगन लीप देतीं
पिड़ोर माटी से चूल्हा पोत कर उजला कर देतीं
तब की स्त्रियाँ कहतीं हम तो इस पहर पसेरी भर पिसान पीस लेते
अब की स्त्रियाँ तब की स्त्रियों से फिर हार जातीं

गाँव में कोई नई दुलहिन आती बड़की फुआ कहतीं
गोरी भी है बहुत पाई भी है पन्द्रहवीं तक पढ़ी है और खूब काम करती है
दीदी खीज कर कहती हैं क्या पढ़ी है फुआ
दिन भर भूत-प्रेत टोने-टोटके की बात करती है
ऊबड़-खाबड़ दशकों पर चींटियों-सी रेंगती ये स्त्रियाँ अब इस पार आ गई हैं
ये अब की स्त्रियाँ अब तब की स्त्रियाँ बन गई हैं
अब वह कुढ़ रही हैं गाँव की उलटे पल्ले में सीरियल आलपिन खोंसे
एम ए बीएड करती स्त्रियों से।

ड्योढ़ी के इतिहास

कुछ अधेड़ घरेलू स्त्रियों ने मुझे बताए
अपनी-अपनी ड्योढ़ी के इतिहास
उनकी दुनिया में बस एक गाँव दो आँगन दो घर
और कुछ गिनती के स्त्री पुरुष थे
ये बराबर दुहराती रहीं कुछ कहानियाँ
जिन्हें सुनकर मैं ऊबने लगी थी
कहानी के ज्यादातर पात्र मुझे याद हो गए थे
लेकिन वो फिर भी दुहराती रहीं वही किस्सा बार-बार
रोमांटिसिज्म के नाम पर उनके पास बस बीती बातें थीं

कि किस तरह वो दुल्हन बनकर रोती हुई आईं
और ससुराल की हर परीक्षा पास करती गईं
उनकी दुनिया में कुछ पुरुष थे
जो गांधी से महान और राणाप्रताप से वीर थे
जिनमें उनके दादा जो कन्धे पर बिठाकर
छुटपन में उन्हें मेला दिखाए
उनका पिता जो रोज इजलास पर गवाही देने जाता था
उनका चाचा जो एक बार कई लठैतों से
लाठी चलाकर जीत गया था
कुछ स्त्रियाँ भी थीं उनके किस्से में
जिन्होंने पहले खूब अत्याचार सहा
बाद में उससे ज्यादा किया

फिर उनके गाँव का वो लुहार
जो कन्धे पर बसूला रखकर भूल जाता था

फिर सारे गाँव में ढूँढ़ता फिरता
फिर उनके बाग का वो मिठउआ आम
वो परिवार प्रमुख बड़के भइया का मुरहा गुस्सा
वो मिश्री सी बड़की भौजी का मीठा परिहास

इसी तरह ससुराल के किस्से बताते हुए
आवाज में नमी आ जाती कि...
किस तरह प्रसव से ठीक पहले धान कूटती रहीं
सास गुस्सा होने पर इकलौते दुलरुआ भाई को
किस तरह मर जाने की बज्र-सी गाली देती
ससुर क्रोधित होकर कैसे खाने की थाली
रसोईं में बैठी बहू पर फेंकते
किस तरह पति लात-घूँसे से अपना पतित्व दिखाते
मैं थक जाती हूँ सुन-सुन कर उनके ये किस्से
कहती हूँ फिर ये क्यों कहती हैं कि
वो जमाना कितना अच्छा था

फिर ध्यान आया कि इन बेचारियों के कदमों में
जनरेशन गैप को लाँघने की ताकत कहाँ बची थी
लम्बी उम्र की आदतें देह में स्वयं सिल जाती हैं
वहाँ तक जाने के लिए इनके थके तन-मन में
उत्साह शिथिल हो गया था
और नए जमाने ने बिना सामर्थ्य के
इनके पुराने भोले मन पर
लाद दिया अपना टेढ़ा हाईटेक चलन!
जिसके लिए इन्हें चलकर नहीं उड़कर जाना पड़ेगा

रेस्टोरेंट में पहली बार

हाँ शायद पहली बार ही तो था
जन्मदिन मेरा ही था सेलिब्रेशन उनका था
किचन में चाय पर चाय बनाती मैं अचानक चौंक गई
जब पता चला कि आज मेरा जन्मदिन मनाया जाएगा वो भी रेस्टोरेंट में
बड़ी जीजी और भाभी ने काम खत्म करके जल्दी तैयार होने की हिदायत कई बार दी
हमने भी गुलबकई सितारा जड़ी साड़ी निकाल ली
जो इंदौर आने पर अभी कभी न पहनी थी
एलआईजी से निकलते हुए कार में उस दिन
एक नई दुल्हन घूँघट में कई बार मुस्कियाई

खूब चमा-चम जगह थी मेरा भदेसपन ठिठका था
कि लोग यहाँ इतने गोरे कैसे हो जाते हैं
कब क्या-क्या हुआ मुझे उस चकाचौंध में होश नहीं
होश तब आया जब आखिरी में
आइसक्रीम की सबकी कटोरियों को मैं समेटने लगी थी
छोटके देवर जी बेचारे सबसे ज्यादा शर्मिन्दा हुए
मुझे आँखें दिखाकर बस अरे! कह कर रोक दिए

मेरी इस दरिद्र हरकत से सम्पूर्ण वातावरण दरिद्रमय हो गया
इतना कि मेरे हाथ में काँच की लाल चूड़ी को आगे पीछे से थामे
सोने के कंगन भी दरिद्र लगने लगे
आसपास की टेबल के कुछ लोग मेरी ओर देखने लगे
मेरी सम्पूर्ण शहरी ससुराल जो मेरे गूँगेपन और खटेलेपन पर वारी जाती थी
आज मेरे देहातीपन पर शर्मिन्दा थी

देखने वालों से मैंने मौन होकर कहा क्या देख रहे हो भद्र जनों
ये कुलीनता है चाहे तो मेरी दादी से पूछ लो
उन्होंने अपने खुफिया तंत्र से पता करवाया था यह
कि इतनी बड़ी प्रधानमंत्री इंन्दिरा गांधी भी रसोई खुद बनाती हैं
लड़कियों का धर्म है कि कोई घर में खाए-पिए तो जूठे बर्तनों को लपक कर समेट लें
अगर इतना वर्जिस-व्यवहार नहीं आता उन्हें तो क्या उनका अचार डाला जाएगा
आखिर कौने हले चलेंगी वो
और ससुराल में आकर हम यूँ ही वेटर नहीं बने थे
कड़ी ट्रेनिंग और मेरी मेहनत का ये सबसे असरदार परिणाम था।

शहजोर ओढ़नी

एक ढनकती गदबदी बच्ची को एक मजूर लड़की बार-बार चूमती है
बच्ची उतनी बार गाल पोंछ लेती है कहती है जूठा मत करो, मम्मी डाँटती है
लड़की फिर चूम लेती है कहती है एकदम अपने भइया का छापा उतार हो
जैसे उन्हीं का मुख काटकर रख दिया गया है
बच्ची कहती है पर भइया तो काले मजीठ हैं मैं तो गोरी हूँ
हाँ कलूटे तो हैं तुम्हारे भइया
फिर खो कर गाने लगती—

कऊवऊ से काली बाटई तोहरी सुरतिया...
तोहही देखी क त हमरे आवेल ओकैया...
के तोहें दिहसी पदवी मोहन की...
जब चोट लागी कांधा चितवन की
रहिया भुलाई जाब मधुवन की...

वो सोलह साल की लड़की खिलखिलाती और बच्ची के दोनों गालों को खींच देती
हँसकर कहती कि हमका भाभी कहो
बच्ची गाल छुड़ाने के लिए अनमनी होकर जल्दी से कहती भाभी
लड़की हहर कर फिर चूम लेती बच्ची फिर गाल पोंछ लेती

उस दिन खलिहान से लौटते ही माँ को लाड़ आया बच्ची पर
अँकवार में भर कर गालों को चूमने लगी
बच्ची जानती थी माँ की पवित्रता के नियम
चिढ़ाने के लिए कहा अरे मम्मी तुमने फोटुआ का झूठा गाल चूम लिया
मम्मी को अभी घृणा भर हुई कहा मत चूमने दिया करो उसे

बाभन के गदेला का गाल जूठा कर देती है
बच्ची कहती है कि गाल भी खींचती है फिर भाभी कहती हूँ तब छोड़ती है
माँ अब क्रोध से जलती हुई निगाह से देखती है भइया को
भइया हटकर चले जाते हैं
माँ ने दाँत पीसकर कहा एक तो शहजोर ओढ़नी भी नहीं ओढ़ती बदजात

बच्ची को कुछ समझ में न आया
शाम को लालटेन लेस कर भइया पढ़ने बैठे
बच्ची पास गई तो भइया ने गुस्से से कहा कुटनी कहीं की
अब खेत घुमाने कभी न ले जाऊँगा और अमेरिका की बातें भी न बताऊँगा
फिर भइया चुप-चुप रहते लड़की हँसती-हँसती रहती और बच्ची स्कूल जाने लगी
एक नया खेल चिकने पत्थर को एक पैर ठोकर मारकर खेलना सीख रही थी

चैत का अलसहवा दिन
लड़की मड़ाई के बाद भूसे को घर में रख रही है
भइया उसके पीछे जाते हैं लड़की मुस्कुराती है
अबकी जब कमरे में गई और भइया भी गए तो लड़की चीख उठी
आसपास कुछ एक लोगों ने सुना

शाम को पापा भइया को खूब मारते हैं
बच्ची को गुस्सा आता है कि
उसी चूमने वाली लड़की के कारण भइया को मार पड़ी
लड़की कुढ़ती हमेशा तो भइया को देखकर हँसती थी
फिर आज अचानक चीख कर मार क्यों खिलाई उन्हें
पर चीखने का रहस्य न जान पाई

बच्ची अब बड़ी हो गई है कॉलेज, कोचिंग जाती है बस और ऑटो में
अब वह समझ गई है कि वो हँसने वाली लड़की क्यों चीखी थी
और पापा ने भइया को क्यों मारा था
अब जान गई है वो चोट
जब देह में फ़ागुन आने से पहले जबरी जेठ के घाम में उघाड़ दिया जाता है
सोचती है कि माँ की वो शहजोर ओढ़नी जाने किस देश में कौन जुलाहा बुनता है
जो हम लड़कियों को आज तक न मिली और याद करती है
प्रेम का वो सबसे पवित्र चुम्बन जो अवदान में उसके हिस्से आया था।

बच्ची और दुनिया

बसिकाला के दिन हैं चौपायों का प्रसवकाल
सेवार में ऐसे बिखरा है असाढ़ी का हरियर कंचन जैसे धरती ने हरियरी पी ली है
खलिहान में खेलती सात साल की बच्ची को डाँट कर आजी बुलाती हैं
डंडा पकड़ा कर बखार घर के द्वार पर बिल्ली के नवजात बच्चों की रखवाली सौंपती हैं
कहती हैं बिल्ला आए तो मारकर भगाना

लड़की तब अबोध थी बिल्ली, बिल्ले में फर्क नहीं जानती थी
तो जब बिल्ली बच्चों को दूध पिलाने आती तो उसे भी भगा देती
आजी की नजर पड़ती तो खूब खीजती
कहतीं पुण्य की जगह पाप कर देती हो

उस दिन स्कूल से लौटी लड़की उदास होती है
आजी ने देखते ही कहा था एक दिन स्कूल न जाती कलक्टर न बनती
बिल्ले ने दोनों नर बच्चों को खा लिया

लड़की तेजी से बड़ी हो रही थी आए दिन अखबारों में पढ़ती
प्रेमी के साथ पकड़ी गई पत्नी का गला पति ने रेत दिया
प्रेमिका को दूसरे प्रेमी के संग देख पहले प्रेमी ने गोली मारी
जवार में चर्चा है बन्हवाँ की बड़की बाग में एक स्त्री का नंगा शव लटक रहा है
बड़ी दीदी ने मारे तिरस से कहा कैसा कसाई होगा भट्ठे का ठेकेदार
अभी कुछ दिन पहले तो भगा कर ले आया था

बिल्ली के नर बच्चे के लिए बिसूरती आजी तब झट से कहती हैं
आखिर ठेकेदार की क्या गलती! तुम्हें पता भी है कुछ

किसी और से फँसी थी मारता न तो क्या-पूजा करता उसकी

बच्ची को बखार घर में जन्मे बिल्ली के बच्चे याद आते हैं
बच्चों के गले को मुँह में धरे बिल्ला याद आता है
और याद आती है सहमी हुई बिल्ली

बच्ची आजकल कुदरत से रूठी रहती है
कितने सारे तो प्यारे-प्यारे जीव थे धरती पर
आखिर उसने आदमी को उसके बचपन वाले बिल्ले जैसा क्यों बनाया।

परम्परा और स्त्रीवाद

हम थोड़े से बड़े हो रहे थे इतने कि हम भाई-बहन मिलकर
समाज, राजनीति व स्त्रीवाद पर टूटा-फूटा विमर्श कर लेते
बड़े भइया उदारवाद को कोसते
मझले भइया उत्तर आधुनिकवाद को ठीक नहीं कहते
हम थोड़ी-सी प्रगतिशील बहनें उन्हीं बातों का अनुसरण करतीं
पर फेमिनिज्म की रैडिकल बातें करते हुए हम दादी की आहट पाकर चुप हो जाते
हम सोचते दादी क्या समझेगी इन चीजों को

खैर हम एक दिन एकदम बड़े हो गए
सभी भाई सिविल सेवा की परीक्षा में बार-बार रिजेक्ट होते
हम बहनें ससुराल में गोद में बच्चा लिए टीवी सीरियल देखतीं
सर्वश्रेष्ठ बहू का खिताब पा लेने की जद्दोजहद करतीं

फिर अचानक एक दिन हम घर पर इकट्ठा होते हैं
दादी की मौत हो गई थी
अन्त्येष्टि के बाद पापा बताने लगे कि किस तरह एक अकेली जवान विधवा स्त्री
तीन छोटे बच्चों को लेकर परिवार, समाज से लड़ती रही
आजा पुरनिया ही थे जब माँ की चूड़ियाँ तोड़ी गईं
तभी पछाड़ खाकर गिरे और आजीवन खटिया पे पड़े रहे

नए घर में वही पुरनका दरवाजा लगा था हम भाई-बहन खूब खीजे थे
इतना मॉर्डन घर और मुख्य द्वार पर वही तीन साह वाला पुराना दरवाजा
पर पापा ने किसी की नहीं सुनी
दरवाजे पर मढ़ी हुई लाठियों के निशान थे

आज रोते हुए वे दरवाजे की कहानी कह रहे थे
पट्टीदारी के ही लोग थे दरवाजे पर लाठी मार रहे थे
माँ हम तीनों बच्चों के साथ दरवाजे पर सटी थीं
माँ ने जाने क्यों कृष्ण को न पुकार कर शंकर भगवान को पुकारा था
रोते हुए माँ कह रही थीं हे शंकर जी आज दरवाजा न खुला तो
आजीवन निराजल तुम्हारा व्रत रखूँगी

भगवान शायद समाधि या विहार में थे माँ की प्रार्थना न सुन पाए
लेकिन माँ ने आजीवन निर्जल व्रत रखा
जबकि उस पल खटिया से गुहार लगाते आजा को सुनकर अन्त में
माँ खुद लाठी लेकर निकली थीं
बड़के बाबू ने लाठी फेंकते हुए कहा था ये देखो राँड़ नहीं साँड़ हो गई हैं

आज हम सब शर्मिन्दा थे खुद के हवाई ज्ञान पर
दादी को अनपढ़-गँवार समझकर हम न जाने कितनी बार
कोई किताबी बात करते हुए चुप हो जाते कि
भला इन्हें क्या पता परम्परा और स्त्रीवाद की तहें।

हम ठगे गए थे

माँ तब बच्ची जैसी चहकती थीं
कहती बचपन में तुम आटे की लोई जैसी थी
मैं तुम्हारे माथे पर काजल से नजर-टोना का अंखा-पंखा बना देती
तभी डेहरईचे पर बैठी सरौता भाँजती दादी कहती
हाँ क्यों न लगाती अंखा-पंखा सात बेटवा जो जन्मी थीं
बच्ची माँ मुस्किया कर चुप हो जातीं

मुझे डर लगता दादी से
मैं हर पल सोचती दादी या तो चाचा के पास जम्मू चली जाए
या मर जाए जैसे सबकी दादी मर जाती हैं
फिर दादी जम्मू जाती हैं पैरों में खूब गाढ़ा महावर लगाकर
और जब लौटी थीं तो बहुत उदास थीं दादी की एड़ियाँ भी उजली थीं
चाची ने फोन पर कहा कि जबसे आई हैं हमें हलकान कर रखी हैं
चाचा वहीं खड़े थे और दादी की टोका-टाकी गिना रहे थे
फिर दादी बीमार रहने लगीं, और एक दिन दादी मर गईं

माँ क़ारन करके बहुत रोईं मैं भी थोड़ी-सी उदास हुई कि
अब गाँव से कोई हमारा उलाहना लेकर आएगा तो कौन झगड़ा करेगा
पर खुश भी हुई कि अब माँ जब भी मुझे दुलारेगी तो कोई ताना नहीं देगा
ऐसा कुछ न हुआ माँ अब दादी की तरह हमें टोकने लगी थीं
कुछ कुछ दादी जैसी लगने लगी थीं
पहले जब कभी दादी खलिहान देखने जाती तो हम दुवारे पाल्हा खींचकर लँगड़ी खेलते
माँ सुखवन उठाने छत पर होतीं हमें खेलता देखकर साध से कहतीं
मैंने कभी न खेला ये खेल क्योंकि मेरी गोद में माँ का कोई बच्चा होता

सब लड़कियाँ खेलतीं मैं ललचा कर देखती
हमने तय किया था जब दादी नहीं रहेंगी तो बीच आँगन में पाल्हा खींचा जाएगा
और हम माँ के साथ खूब लँगड़ी खेलेंगे

पर आज जैसे ही हमने आँगन में पाल्हा खींचना शुरू किया
माँ की निगाह औचक ही पड़ गई
उन्होंने खीजते हुए कहा अरे दोख होता है पाल्हा खींचना
क्यों घर का अनभल करती रहती हो तुम लोग
हम ठगे गए थे
दादी ने जाने कब साजिश करके माँ को अपना प्रतिनिधि बना लिया था।

शर्म

मुझसे बारहा पूछा जाता है तुम्हें शर्म नहीं आती
तब मैं सोचने लगती हूँ पिछली बार मुझे कब शर्म आई थी
हाँ याद तो है बहुत बार बहुत शर्म आई

जब मेरे ही घर में मेरे एक परिचित का कुछ ऐसा स्वागत होता है कि मेरे घर के बर्तन में मेरे घर का कुत्ता पानी पी लेता है पर उसको अछूत बर्तन में पिलाया जाता है मुझे तब मनुष्य होने पर भी शर्म आती है जब वो कहता है हम लोग कुत्तों से बदतर जाति हैं और ठठाकर हँस देता है

मुझे तब भी बहुत शर्म आती है जब तथाकथित अपने
अपने नाम के आगे बड़ी जाति का ठीहा लगाकर
मर्यादा के पर्याय की आड़ लेकर नंगे होते हैं
और ख़ुद के गर्भ में आने की प्रक्रिया को दूसरों पर आरोपित करके तुष्ट होते हैं

शर्म आती है मुझे खुद के उद्धारक कुल में पैदा होने पर
सम्भ्रान्त कुलीनता का बोझ ढोने पर
तुम नहीं सह पाओगे मेरी शर्म को
घृणा से पागल हो जाओगे और अपनी गाली से सीखी भाषा को और पैनी करोगे।

शालू सिंह

तुम बबुवाने से पढ़ने आती थी शालू सिंह
तुम लड़की थी और स्कूल जाती थी
तुम साइकिल से स्कूल जाती थी
तुम हमारे जमाने की पहली लड़की थी जो इंटर कॉलेज जाती थी

शालू सिंह तुम्हारी आँखों में चश्मा फबता था
पर सारे शुकुलाने, तिऊराने, दुबाने, पड़ाने और तो और
बबुवाने के लड़कों की आँखों में चुभता था तुम्हारा चश्मा
तुम्हें देखते ही वे टेपरिकार्डर की तरह बजने लगते थे
गोरे-गोरे मुखड़े पे काला काला चश्मा...

हम दुपट्टे और बालों को कसकर बाँधने वाली लड़कियाँ तुम्हें हसरत से देखते थे
साध को मन में दबाकर बतियाते कि शालू सिंह ये कहती हैं वो पढ़ती हैं
शालू सिंह दुपट्टे को गले में लपेटती हैं
और वहीं हमारे घर के लड़के हिकारत से कहते ज्यादा शालू सिंह न बनो
तुम्हारे कटे बाल जब हवा में लहराते
तो हम दो चोटी वाली लड़कियों को बहुत अच्छे लगते थे
पर उन्हीं सलीके से कटे बालों को वे लौंडा कट कह कर चिढ़ाते

उन दिनों स्कूल के डीह जैसे लड़कों की गोल में चर्चा का एक ही विषय होता
शालू सिंह
जिसमें गल्प को सच साबित करने के लिए विद्या कसम बार-बार खाई जाती
अब जबकि दुनिया तेजी से भयावह लगने लगी है
तो एकाएक तुम याद आ जाती हो शालू सिंह

तुम्हें बहुत बार साइकिल से धक्का देकर गिराया गया
पर तुम मरी नहीं शालू सिंह
जिन्दा रही और स्कूल भी जाती रही
उस चलन की पुरनकी लड़ाई अब भी लड़ी जा रही है
अब भी हमारे पूर्ण मनुष्य होने पर भी प्रश्नचिह्न रखे जाते हैं शालू सिंह!

विद्योत्तमा शुक्ला

विद्योत्तमा शुक्ला मैं तुम्हें जानती हूँ
तुम हमारे जौनपुर की ही थी
तुम्हारा बेटा मेरे बेटे से कुछ लहुरा या जेठ था
तुम मुझे चौकिया के मेले मिली थी गोद में बेटा था
सितारा जड़ी साड़ी को दाँत से दबाकर तुमने मुस्किया कर कहा था
हमहू अबकी बम्बई जा रहे हैं
तुम खुशी से फुटेहरा हुए जा रही थी

पता नहीं ये बम्बई जाने की खुशी थी या साथी के साथ की
या एक पुरनम आजादी का सपना
क्योंकि मैं सारे शुक्लाने पड़ाने मिश्राने की बहुओं को जानती हूँ
घूँघट जितना लम्बा हो और जबान जितनी छोटी हो बहू उतनी ही सुघड़ है
बेहया होती हैं वो बहुएँ जो चौखट पर खड़ी दुवार झाँकती हैं
विद्योत्तमा शुक्ला मैंने सुना था जब दुष्काल की लौटानी में
तुमने राह में तड़प कर कहा अब कभी बम्बई नहीं जाना

न जाना बम्बई अबकी यहीं रह जाना
यही गाँव के चकरोड पर साथी का हाथ पकड़कर चल लेना
गाँव के बाजार में ही साथी के साथ ठेले पर खड़ी गोलगप्पे खाना
गाँव के ही मेले में बड़का झूला दोनों साथ बैठकर झूलना
कोई घूर कर चकबक कहेगा ये शुकुल की बहू है तो तुम हँसकर
साथी को चूम लेना और कहना मेरा नाम विद्योत्तमा शुक्ला है।

दुखों को कह-कह कर रोना

वो दुखों को कह-कह कर रोती है
उनकी पीड़ा शब्द से होते हुए एक शोक राग में उतर जाती है
वे हमारी तरह नहीं रोतीं
हम सभ्य जन जानते हैं दुख को कितना उघाड़ना है
स्त्री आँख से बहते आँसू संसार की सबसे पुरानी त्रासदी हैं

अभी साल भर का नहीं हुआ था चलने लगा था
दूसरा पेट में है
परसाल जो मरा था वो पहिलौठी का था
तब ऐसे ही हती जा रही गाय की तरह दिन-रात फेंकरती थी
मेरे घर के ठीक पीछे उसका घर है
सम्भ्रान्तों के मुख्य द्वार कभी इनके घर की तरफ नहीं खुलते
अक्सर दुपहरिया-तिजहरिया वो रोने लगती है
मैं दौड़कर छत पर जाती हूँ
उसके छप्पर की ओर बहुत ध्यान से देखती हूँ दिख जाए
पर सुनती हूँ खाट से चिपक गई है
कोई उठने को कहता है तो कहती है नहीं उठा जाता
बउआ जाते हुए कमर तोड़कर गया

सिर्फ एक दीवार का फासला है मैं जाना चाहती हूँ उसके पास
एक बार उसके साथ फूट-फूट कर रोना चाहती हूँ
पर अभिजातपन का संकोच या लोग क्या कहेंगे का डर मेरा हाथ पकड़
लेता है
एक दिन जाड़े में छत पर कपड़े डाल रही थी और वो मुझे दिख गई

गोद में फिर बच्चा था शायद ये तीसरा या चौथा है मुझे नहीं पता
क्योंकि हर साल होते हैं हर साल मरते हैं

मैं बहुत-सी बातें उससे पूछती हूँ
उसके जबाब अशिक्षा और गरीबी की किताब से रटे थे
हम दोनों में बस एक दीवार का अन्तर और फासला हजारों साल का
संसार की सारी सुखद क्रान्तियाँ इन झोंपड़ों में आने से शरमाती हैं।

कच्ची उम्र में ब्याही बेटियाँ

कच्ची उम्र में ब्याही बेटियाँ आत्मा को नैहर के डीह पर छोड़कर आई हैं
मउजे के पुराने पोखर पर पुरइन के कुम्हलाए पत्ते पर
आज भी उनकी गुड़िया की ओढ़नी झूल रही है
विदाई के पहले की वो संसा की अन्हियरिया रात
रोज उनके जेहन में एक अदृश्य भय लिये उतरती है
जैसे बँसवारी वाले शीशम के पेड़ से रात में भयावह चिड़िया बोलती
माँ कहती कोई रात को किसी का नाम न लेना मुई चिरई सुन लेगी
विदाई होने के ठीक पहले बजते वे बाजे
उनकी धुनें जरूर किसी रोती स्त्री के करुण स्वर नाद से चुराई गई थीं
जिसे ये बेटियाँ बूढ़ी हो जाने पर भी नहीं भूल सकीं
ऐसी हूक उठती है कलेजे में कि लगता है आँत में आग की लौर उठ रही है

ये वो बच्चियाँ थीं जिन्हें पता था कि जेल में डालने से पहले ये बहेलियों
की जयघोष है
ये बच्चियाँ नहीं जानती थीं जवानी की रातें जिनमें जागते सुबह हो जाती
और ये भी ठीक-ठीक कभी निर्णय नहीं कर पाईं कि
बड़े आँगन की सुबह ज्यादा भयावह होती है कि रात
ये जीवन भर नंगे पाँव दौड़ पड़ीं जहाँ कहीं भी किसी ने
इनके छुटपन में ही छूटे गाँव-जवार का नाम लिया
राह चलते बटोही से पूछ रही हैं हाल और तरस रही हैं
कि वो कह दे बहिन मैं तो तुम्हारे नैहर की ओर का हूँ
विश्व त्रासदी पर लिखी किताब हाथ में लिये सोच रही हूँ
जाने ऐसी कितनी त्रासदियाँ और दुख हैं क्या इन्हें कभी लिखा जाएगा

पिताओ! वो ठग पिताओ! निज स्वार्थ मर्यादा के लिए
तुमने ही सबसे ज्यादा ठगा बेटियों को
और बेटियों ने सबसे ज्यादा मोह किया पिताओं से।

भूख

काफी देर से वो मेरे आँगन की देहरी पर
चुप-चाप बैठी थी
जन्म की शजरी आँखें अब एकदम सूनी हैं
मैंने पूछा तू भाग क्यों जाती है बार-बार

साँवला-सा माथा थोड़ा-सा सिकुड़ गया
चुप रही वो बहुत डाँटने पर आखिर में बोली
भट्ठे के ठेकेदार नें कहा बच्चे को मैं पालूँगा
मैंने गुस्से से कहा वो छोड़ गया तो रिक्शेवाले के साथ क्यों भागी
उसने कहा था बच्चे का नाम स्कूल में लिखाऊँगा
अब शराबी बाप कहता है कि
अपने जीते जी तुझे यहाँ न रहने दूँगा
मैंने कहा! वो कब से जिन्दा हो गया

मुझे याद आई खूँटे से बँधी गाय जिसके बच्चे को जितनी बार
उसके थन तक ले जाया गया
हर बार दूध उतर आता थन में
और दुहने वाले बछड़े को हटाकर दूध निकाल लेते
मैं उसे धर्म नैतिकता और संस्कार जैसे, उजले शब्दों पर
लम्बा उपदेश देना चाहती थी
वो पहले भूखे बच्चे को चुप कराते हुए
दूसरे को आँचल में ढाँक कर दूध पिला रही थी
और याचना भरी आँखों से मेरी ओर देख रही थी
जैसे कह रही हो कि भूख से बड़ा कोई धर्म नहीं होता

अलग-अलग लोगों की अलग-अलग भूख होती है
सब उसी अपनी भूख के लिए भाग रहे हैं...!

मैंने थोड़ा सा चावल और दाल देते हुए कहा
तू अभी जा बाद में फिर कभी आना
एक अदृश्य भय जैसे उसके आस-पास
भूख की गहरी छाया मँडरा रही थी
भूख के कई हाथ उसकी तरफ बढ़े आ रहे थे
मैंने मन में कहा तू जा चली जा
भूख का क्या ईमान वो यहाँ भी आ सकती है
फिर से कोई बछड़े को आगे करके गाय का दोहन करेगा
तू क्या समझती है हमजात भूख यहाँ नहीं रहती
और हम स्त्रियों का क्या
एकान्त में रोते हुए पैर पकड़ कर माफी माँग लो
स्त्री सात खून माफ कर देगी।

सदियों की पीड़ा

जब भी मुझे सदियों की पीड़ा को
परिभाषित करना पड़ा
तो स्त्री और किन्नर ही पहली पंक्ति में आए
दर्द के नाते से तो हम एक ही जाति के हुए
आखिर आह ही तो हम दोनों नस्लों की पहचान है
उस सम्बन्ध से तो हम सगे हैं
ऐ गमेआशना! कभी आओ ना मिलकर रोएँगे

तुम्हें ही बताना है कि
कब, कहाँ और कैसी तल्खियाँ चिपकी हैं मन पे
बचपन में तुम्हें देखते ही डर जाना
बड़े होने पर इन्तहां तक नफरत की
बसों में ट्रेन में बाजार में मेले में तुम मिल जाते थे
घृणा से मुँह फेर लेती थी
सब के लिए माफी माँगनी है
मुझे लगता कि ये अश्लीलता तुम्हारी फितरत है
घिन आती मुझे तुम्हारी भाषा से

अब जाना तुम्हारा कोई कसूर नहीं
पुरुष लिप्सा की लिजलिजी दुनिया में
पेट भरने के लिए तुम्हें यही आसान लगा
वो तुम्हारे गन्दे इशारों और भद्दी गालियों
पे बेहयाई से हँसकर पैसे निकालते हैं
आखिर स्त्रियों को सुहाग और सन्तान अशीषते

कहाँ पेट भरता तुम्हारा
अब तुम्हें देखते ही मन करुणा से भर जाता है
तुम्हें भी उसी ईश्वर ने बनाया जिसने हमें बनाया
तुम्हें भी चोट लगने पर पीड़ा होती है
तुम्हें भी प्यार करना भाता है
तुम भी हमारी तरह जन्म लेने पर रोए थे
तुमने भी पहली बार माँ शब्द ही कहा होगा

हमारे आँसुओं का स्वाद निश्चित एक ही होगा
और भाषा की शायद जरूरत ही न पड़े हमें
घर में देवर की शादी थी, नाचते हुए एक बार तुमने
नेग के लिए एक नई दुल्हन की ठोढ़ी
दुलार से छू लिया था
भय और घृणा से काँपने वाली वो जाहिल मैं ही थी
लगा था कि किसी गलीज जानवर ने छू लिया
अब सोचकर लज्जित होती हूँ कि
कितनी अमानवीयता थी मुझमें
एक अनगढ़ प्रेम ने मुझे सबसे प्रेम करना सिखाया।

मेरे ब्याह की गवनई

आधी रात को नींद खुल जाती बड़की बखरी ब्याह के गीतों से झहना रही है
मैं अचक कर उठती फिर याद आता कि अरे ये तो मेरे ब्याह की गवनई हो रही है
जेठ का महीना एक नींद सोने के बाद मुझे पानी और माँ दोनों की तलब लगती
मैं आँख बन्द किए किए ही गवनई में माँ की आवाज पहचानती और
उनके घुटनों पर जाकर पसर जाती

माँ गाती हैं बेटी के बाबा वर देखने जा रहे हैं और बेटी कह रही है कि
मेरे योग्य ही वर खोजना नहीं तो मैं कुँवारी ही रहूँगी
नींद में ही मैं माँ पर खीजती हूँ कि आखिर कहाँ होती हैं ऐसी लड़कियाँ
दूसरा गीत अबकी चाची ने गाया जिसमें उलाहना था कि इतना खिलाने-पिलाने का
कोई उपकार नहीं मानतीं बेटियाँ और सुन्दर वर के साथ विदेश चली जाती हैं
मुझे गुस्सा आता है चाची पर क्यों सरासर झूठ बोल रही हो

अब ये ब्याह गाती बड़की अइया की वेदना पर चढ़ा राग है कि
सुपवा ओलरतइ गऊरा उठि जे बैठिन रटई ब्याह ब्याह...
जन्म लेने पर सूप में लिटाते ही गौरा उठकर बैठ गईं और ब्याह-ब्याह रटने लगीं
मैंने मन में कहा अइया मेरे घर में चाहे जिससे पूछ लो
मैंने तो कभी भी ब्याह के लिए नहीं कहा
मैं अधनींद में अलसाई माँ या छोटी बुआ की गोद में गीत सुनते-सुनते सोती-जागती रही
अबकी बड़की बुआ टेर रही थीं कि—

सोई गये तोता रे सोई गये मैना सोई गये गवना के लोग
एक नाहीं सोये हैं बेटी के बाबा रे जेकरे दहेजवा क सोच...

कि रात घिर आई है सब़ सो गए हैं पेड़ पौधे पंछी, गाँव के लोग
एक नहीं सोए हैं बेटी के पिता जिन्हें दहेज की चिन्ता है
इसी तरह बुआ चाचा, पापा, भइया का नाम लेतीं कि
दहेज की सोच में वे सो नहीं रहे हैं
पता नहीं वे लोग जागते थे कि नहीं
पर मैं तब नहीं सो पाती और खुद के जन्म का रात भर अफसोस करती
बुआ गीत के मुखड़े पर हर बार गातीं—नाजो का सुहाग बढ़े
मैं सोचती हूँ बुआ कभी सयानी नहीं होंगी
अरे एक बार तो कहती कि नाजो खुद भी बढ़े

अब गवनई का आखिरी चरण आ गया है
भाभी कमर में हाफ करधन पहने मुँह पर लम्बा घूँघट डाले नाचने उठी हैं
पिरितिया काहे न लगउले बिकल जिया रहलो न जाई...
बड़की काकी ने कहा ये है बड़मनई की बिटिया
देखो नाचते हुए मजाल क्या एक अंग दिख जाए
बखान के लालच ने भाभी का और उत्साह बढ़ाया
अबकी भाभी ने और सधे स्वर में गाया
रस घोल-घोल राजा की बतिया लागेला...
मुझे अचरज हुआ
भइया की जहर जैसी बोली जो अनपढ़ होने के तानों से भरी थी
भाभी को रस घुली कैसे लगती है

इस तरह मैं अपने ब्याह की गवनई आँख बन्द करके सुनती
और उन गीतों पर चढ़कर अपनी आने वाली दुनिया उचक कर देखती।

स्त्रियाँ प्रेम पीकर जीती हैं

स्त्रियाँ प्रेम पीकर जीती हैं
ये आजीवन एक प्रेम जोन में रहना पसन्द करती हैं
कभी पिता, प्रेमी, पति या भाई
तो आगे चलकर सन्तति प्रेम

इन्हें हमेशा भाते हैं प्रेम के गल्प
खासकर एक मुख्य प्रजाति का प्रेम
इन्हें हमेशा सौभाग्य लगा
ये प्रेम जब जीवन में नहीं मिलता तो बुझ जाती हैं
कभी-कभी प्रेम अनधिकृत भी करती हैं
और कभी उम्र ढलने पर प्रेम न मिलने पर
चिड़चिड़ी भी हो जाती हैं

ये बचपन में बतातीं आज शुक्ला सर ने मुझे बेटा कहा
आज पापा के दोस्त ने मेरे गालों को प्यार से छुआ
फिर ये बड़ी होती हैं और कहती हैं
आज एक लड़के ने मुझे अपना दोस्त कहा
आज एक प्यारे से बच्चे ने मुझे दीदी कहा

फिर दीदी दोस्त से ये भाभी-चाची और माँ बन जाती हैं
ये खूब खुश होकर बताती हैं
कि डाँट से बचाने में देवर मेरी कितनी मदद करता है
जेठानी का बेटा मेरे ही हाथ से खाना खाता है
बेटी को मुझसे ही होमवर्क कराने हैं

फिर माँ बनकर वो एक बार फिर जीवन के स्वर्णिम पल में डूबती हैं
वात्सल्य पोर-पोर रस से भर देता है
पर मुश्किल ये है कि समय रुकता नहीं
बच्चा बड़ा हो जाता है उसकी दुनिया माँ पर नहीं ठहरती
बेचारी एक बार फिर रिक्त हो जाती हैं

घर में सभी व्यस्त हैं फिर भी वो खुश हैं
और मन्दिर पूजा पाठ करती खुद को सिंचित करती रहती हैं
उन्हें खुश रहने के लिए काफी होता है कि आज प्रवचन से लौटते हुए
पुलिस वाले ने माताजी कहकर सड़क पार करवाई

पर असली अकेलेपन का पड़ाव तो अभी आगे है
जब इनके नेह का घट बेटा शाम को घर आने पर
माँ को सामने देखना जरूरी नहीं समझता
अब ये घर के किसी कोने में अनमनी पड़ी रहती हैं
और सब कहते हैं कि माँ कितना सोती हैं!

मरकही मिरासनें

कसबिन, जोगिन, मंगतिन, डफलिन, जो भी कह लो
यहाँ फेल होता है धर्म-धूर्तता का सारा गणित
पर मिरासन ही होती हैं वो
एकदीठि देखने से उनके चेहरे पर झलकता है वो गाय जैसा मरकहापन
एक दुकाल वर्ष के सँझलौके की वीरानी

वे जन्मने पर ठीक हमारी तरह होती हैं
मैंने बहुत बार देखा है उन्हें उनकी माताओं की गोद में
एकदम कोमल पवित्र-सी, किसी बेकस की दुआ जैसी
तब कोई मरकहापन नहीं था चेहरे पर था कच्ची दूब जैसा हरापन
आप भी इन्हें देख सकते हैं एक औरत के साथ ढोल बजाकर कुछ गाते हुए

अधिक धूप खाए हुए चेहरे
सपाटमने से दुआ और बधाई गाते हुए चेहरे
माटी के कितने गीत, गीतों में कितने दुख-सुख
कुछ चौकन्ने और बुझे हुए चेहरे
मन भीत-पाख न हो तो इन चेहरों पर ठहर सकता है

अँगुली में डसले बा नगिनिया या हमरा के बियह भोजपुर हो...
गाते हुए पीड़ा विरह का कोई चिह्न नहीं
क्योंकि सचमुच का विष और यातना ये जानती हैं
प्रेम मनुहार दुलार गाते हुए आँखें जरा भी नहीं लरजतीं
सारे जमाने का धूल-धुआँ वहाँ होता है
इनकी सारी मिठास कौन छीन लेता है

बिना उल्लास के उल्लास गाते हुए
एक मड़ियहा-सा विमोह आँखों में उजहा होता है
जब शाइनिंग इंडिया में मुँहनोचवा और डायन आदि अवतरित हुए थे
तो महाप्रतापी भीड़ ने अपने चमत्कार में इनको खूब धरा था

कुछ सतर्क-सी पर खरगोश की आँखों का चौकन्नापन नहीं
और न कुछ जानने की इच्छा की उदासी
जैसे इतना जान गई हैं कि अब जानने का मन मर गया है
पर विद्रोह दीनता में भी प्रबल होकर चेहरे पर बैठ गया
सींग न होने पर भी ये मरकही-सी दिखती हैं
कब और कैसे ये मरकहापन आया इन चेहरों पर

अनगिनत पास्को और सेक्सुअल हरासमेंट केस इनकी देह और मन में दर्ज हैं
जिनकी कहीं कोई सुनवाई नहीं
बचपन कब नष्ट हुआ इनको याद नहीं
कब विषाद मन से उठकर अनजाने में ही चेहरे पर बैठा
कब कमजोर की लड़ाई आँख से धाई चेहरे पर छाई
कुछ मत बताओ, कुछ न छुपाओ
मैं वहाँ से जानती हूँ जहाँ से हमारी देह-संरचना एक है

मैं, मुझे नहीं जानती तुम
मैं जो एक सुविधा की आड़ भी जाने-अनजाने छिल जाती हूँ
तो बिना किसी आड़ के तुम कैसे रहती हो ढुँढारों की दुनिया में
कितना दरमेस लगा आत्मा पर कि आदत बन गया
कैसे कहूँ कविता में सब कुछ नहीं कहा जाता
प्रतिरोध का लाल रंग जैसे चेहरे पर पुता हो
गुस्सा आता है कि उस रंग की भाषा सिखाने तुम तक कोई नहीं पहुँचा।

ननिहाल

ननिहाल शब्द मेरी स्मृति में हमेशा दशहरे मेले की जलेबी की महक जैसा रहा
मैं हमेशा टिकोरे के बीज को ऐसे छिटकती कि वो फिसल कर ननिहाल की दिशा
में गिरता
गर्व से कहती मेरे टिकोरे की बिज्जी हमेशा मेरे ननिहाल की ओर गिरती है

छुटपन में झरबेरी तोड़ने के लिए सबकी नजर बचाकर
खेत के उस पार सरपत वाले मेंड़ तक जाना
पैर में धँस जाते नन्हे-नन्हे नाजुक से काँटे
वहीं बैठकर अपना पैर अपनी ही गोद में रखकर
शी शी करते हुए काँटा निकालने की व्यर्थ कोशिश

वहीं खेतों में हल जोतते जोखन काका दौड़कर आते
मेरा मिट्टी में सना पैर अपने कठोर और काले पवित्र हाथ में ले लेते
कहते बिटिया ननिहाल की ओर देखो!
मैं रोते हुए कहती ननिहाल किधर है दादा
वे कहते दक्खिन तरफ और कहाँ
उधर से ही तो बेटियाँ ब्याहकर उत्तर आती हैं
मैं और रोते हुए कहती दक्खिन किधर है दादा
दादा खीजकर कहते अभी उठाकर तुम्हें सई में फेंकता हूँ तो दिख जाएगा

फिर बहुत दिन तक याद रखती ननिहाल की दिशा
उधर से उड़कर आती चिड़िया को ध्यान से देखती
कहीं बात करते हुए लोग ननिहाल के परगने का नाम लेते तो ठहर कर
बातें सुनती

बड़े होने पर जिसने बताया तुम्हारे ननिहाल के तरफ का हूँ
एक अनजाना सा अपनापा उसके लिए आ जाता

किसी कॉमिक्स में पढ़ी हुई कहानी सुनाने का उतावलापन अपराध जैसा लगा
दाँत से जीभ काट ली कि दिन में कहानी सुनाने से मामा रास्ता भूल जाते हैं
मैं ईश्वर से प्रार्थना करती हूँ मरने से बचाए रखना ननिहाल के लोगों का मन
नहीं तो खत्म हो जाएगा एक दिन ये दुलार और स्नेह से सना शब्द
ठूँठ होता है वो ननिहाल जिसकी स्मृतियाँ बच्चों के लिए सुखद नहीं होतीं।

अन्याय का दुलार

कुछ स्त्रियाँ पूरब से आई थीं कुछ पश्चिम से
दक्षिण की ज्यादा उत्तर की कम हैं यहाँ
उत्तर संख्या में अल्पसंख्यक होता है
बाकी अन्यायी कथाओं की आरोही हुँकारी
ये स्त्रियाँ ही यहाँ बहुसंख्यक हैं
और इनके सारे किस्सों में रानियों की भूल पर देश-निकाला व भयावह मृत्युदंड थे
राजा जो हमेशा दूध का धोया होता है दंडक भी उसी के पास होता है

एक उम्र के बाद उलटे पल्ले और सीधे पल्ले के मत एक हो जाते हैं
चिन्ताएँ आकर फिर अपने हाथ से छूटते जा रहे जमाने पर रुकती हैं
और फिर से इनकी चर्चा में नई लड़कियों को पंख निकल रहे हैं
हालाँकि पंख टूट जाते हैं और वो घिसटती हुई एक दिन आकर
इन्हीं की बगल में खड़ी होती हैं और इन्हीं की भाषा बोलती हैं
खैर सारा दोष नई पीढ़ी की स्त्री उड़नबाजी पर है
विमर्श का केन्द्र भी एक स्त्री की आशनाई में हत्या है

सभा का समवेत मत है कि ऐसी हत्याएँ उतनी ही जायज और जरूरी हैं
जितना बीर बाबा का बहराम, मरी माई के थान पर कड़ाही देना
ये रंग, नस्ल और जेंडर की मक्कारियों का स्वप्रगट मठ था
जहाँ अन्हराई स्त्रियाँ स्वजातीय डाह से घटनाओं की ओझाई करती थीं
ये तिल-तिलकठ चना मसूर गेहूँ जई को अँखुवाते ही चीन्ह लेती हैं
और अन्याय जवान से बूढ़ा, बूढ़े से अमर भी हो गया
और ये अभी तक उसे गोद में लेकर दुलार रही हैं।

यातना की रहन

ये एकदम ठीक समय था धरती और मौसम दोनों पर हरे, गुलाबी रंग ढरक गए थे
सारे रंगों को लेकर मैं लिख सकती थी तुम्हारे प्रेम में कुछ चम्पई प्रेम कविताएँ
ऐन उसी वक्त पश्चिम से उठी रुलाई की कुछ बेसँभार आवाजें
वे महज आवाजें नहीं थीं और न अपनी बिरादरी की आवाजें थीं
वे सम्पूर्ण मनुष्य रुदन की वेदना पर चढ़ी राग थीं
साँझ का वो पहर वहाँ की भूमि से उठे रक्तिम कणों से मड़ियाया था
मन एकदम थोर हो गया जैसे चहकते, बसेरे लौटते पक्षियों को शिकारी ने मार गिराया
देह और मन दोनों दुख से लरज गए

रुलाई रोकने से गले में उठी पीड़ा सही नहीं जा रही थी
तभी सत्ता का चरण दबाते निर्लज्ज अखबार और नौ मन मेअकप पोते
एक एंकर ने आकर कहा किसानों के उपद्रव में चार की जान गई
मुझे टीवी में चमचमाते रंग भयावह लगने लगे
जैसे उस जमीन पर बिखरे खून का कहीं हरियर कहीं सूखा रोगन हो
मैं उठकर आँगन में आ गई जहाँ कुछ अँधेरा था

अँधेरे से छन कर कुछ चेहरे वहाँ भी आए
जो हँसते तो उनके लाल दाँत दिखते
मैं सोचती रही कि अब कोई डायरों को उनके नाम से क्यों नहीं सम्बोधित करता
उन्होंने मुझपर तीखी हँसी फेंकी और कहा सप्तसूर्य जुते हमारे रथ के पहिए
हत्या और झूठ को धरती पर लीपते चल रहे हैं

मुझे सच में दिखाई पड़ी एक रक्त से लिपी सड़क जो बढ़ती चली आ रही है
अब जब बल बर्बरता के लिए किसी ओट का आसरा नहीं ले रहा

वो 'जबरा मारे रोवई न दे' की हिटलरी थीम पर मचकते चल रहा है
तो तुम ही कहो हमारी आँख की ओद में पला वो कोमल प्रेम
जिसने परदीठि नहीं सही उसे घसीट कर ये कहाँ ले जाएँगे

इनके हाथ मनुष्य के गले पर हैं और उनमें असंख्य उँगलियाँ उगी हैं
जिसे वे जनमन की आँख में धँसाते चल रहे हैं
हम साथ मिलकर एक जीवनगीत गा रहे थे
अभी अन्तरे तक पहुँचे भी नहीं थे कि पार्श्व से यातना की रहन उठी
और हम फफक कर रो पड़े।

पंचायती चुनाव में पर्चा भरने आई एक स्त्री

ये मैं हूँ, मुझे नहीं पहचानते तुम, फोटू तो मुँह उघाड़कर ही खिंचवाई थी
मैं संगीता देवी (पत्नी राजबहादुर) ग्राम पंचायत किरथी कलाँ की
सशक्त, निर्भीक, निडर और साहसी
और जाने क्या-क्या के साथ संस्कारी भी उम्मीदवार
समझ में नहीं आता वीडियो में हमें देखकर सिर काहे पीट रहा है
विकास और शिक्षा का लाइमलाइट मॉडल

हमें देख कर चिहुँका क्यों है भारत महान देश में
स्त्री विमर्श का समकालीन चरण
उनसे कहो वे आगे बढ़ें चौथे पाँचवें चरण की ओर
हम अभी नागिन 2 देखते हुए साड़ी में छठवीं आलपिन लगा रहे हैं

हमारी फर्जी उम्मीदवारी पर किसी को ज्यादा शर्मिन्दा नहीं होना चाहिए
इतने फर्जी होते हुए भी हम सबसे कम फर्जी तार हैं इस तंत्र के
हम ही इस देश के आँकड़े और जमीन का सच
हमें खुद से पर्चा भरना नहीं आता तो इसमें इतनी हैरानी की क्या बात है
हम तुम्हारी उसी कागजी व्यवस्था की तामपत्री देन हैं
ये जो घेर कर बार-बार मुझसे सवाल पूछ रहे हैं
ये राष्ट्र का चौथा खम्भा माइक लिये दौड़ते पत्रकार हैं
ये सब जानते हैं और सब लील भी लेते हैं

हम भी स्कूल गए थे भाई
हम भी कुछ अक्षर लिखना सीखे थे
जब तुम सेमरहिया पे बेहया के डंडे से झाबर खेल रहे थे

तब हम क्लास में बैठे इमला लिख रहे थे
फिर हमारा ब्याह होता है
और बादस्तूर हम एक हुक्मबाज के नाम लिख उठते हैं
टीवी सीरियलों ने हमें सजना सिखाया और मम्मियों ने काम
बाप-भाई ने मिलकर डरना

हम जो थोड़े से बचे रहे खुद में
उसे खुद के अच्छा कहलाने में खर्च कर दिया
और ये जो यहाँ आकर खड़े हैं वो थोड़ी सी हम हैं
एकदम से सम्म-सोझ हम कहीं भी नहीं होते।

फोन और बिट्टी

उसने ज्यों ही हाथ बढ़ाया घर के सार्वजनिक मोबाइल की तरफ
तभी सुना मम्मी टोले की बड़की चाची से कह रही थीं
हमारी बिट्टी तो फोन को हाथ नहीं लगाती
फोन की तरफ बढ़ा उसका हाथ रुक गया
वैसे भी लड़कियाँ फोन लेती हैं तो लड़कों से बातें करती हैं फिर भाग जाती हैं

हालिया वाकया ये है कि बिट्टी ससुराल आ गई हैं
अब चाय बनाते पोंछा लगाते कपड़े धोते उसे फोन थमा दिया जाता है
ये वही महँगा फोन है जो ससुराल आते हुए भइया ने खरीद कर दिया
जिसे बहुत दिन तक चलाना नहीं आया

देवर ने मजाक बनाया भाभी छोड़ो तुमसे नहीं होगा
इसके पहले कभी ऐसा फोन चलाई हो
जेठानी ने हँसकर व्यंग्य किया अरे हमें दिखा रही हैं
नहीं तो जाने कितने यार होंगे फोन पर

बिट्टी के ससुराल में एक और भी फोन हैं जिसमें ढेर सारे रिश्तेदार भरे हुए हैं
जिनमें बम्बई वाले फूफा जो रोज फोन करते हैं
ससुराल में सबकी चिन्ता से मरे जाते हैं वे अब बिट्टी की चिन्ता करते हैं
बड़ी ननद का बेटा मजाक करते हुए बेहयाई की हदें पार करता रहता है

वो दिल्ली में रहता ममेरा देवर जो घंटों फोन पर
लड़कियाँ कैसे पटा लेता हूँ जैसी घटिया बातें बताता है
जिसे सुनकर बिट्टी को उबकाई आती है

पर भाभी कहाँ बिजी रहती हैं कभी फोन ही नहीं करती
जैसे उलाहनों पर उसे फोन पकड़ा दिया जाता है

कभी उस अधेड़ सम्बन्धी से भी बात करनी पड़ती है
जो उसे पीठ पर हाथ रखकर सुखी रहने का आशीर्वाद देता है
और खुद उसके अन्त:वस्त्र को छूकर सुखी होता है
वो जौनपुर वाला जानवरों का डॉक्टर ननदोई जो खुद भी जानवर है
फोन करके कहता है क्या चक्कर है भाभी आप तो हमेशा ऑनलाइन रहती हो

सालों बीत गए बिट्टी को एक नम्बर और एक उदास चेहरा याद है
पर कभी फोन करके वो बस उसी एक चेहरे का हाल नहीं पूछती।

घमछँहियाँ रंग की स्त्रियाँ

वहाँ वे स्त्रियाँ भी नाच रही थीं जिन्हें नाचते हुए कोई नहीं देख रहा था
ब्याह का घर था रसोईघर की खिड़की से ओठँगी मैं जा ही रही थी
अपनी अबूझ उदासी में कि मन मनहुग हो गया जब देखा
कुछ घमछँहियाँ रंग की स्त्रियाँ धरती पर उल्लास बो रही थीं

इधर भी आत्मा थी और मुक्ति भी यहीं कहीं थी
फिलहाल सब गुमशुदा हैं जीवन लक्ष्य रोटी-लूगा है
निखड़हरी देह जानती है कि पुरवइया कितनी सेहलावन लगती है
यहाँ भी नैतिकता, संस्कार, सभ्यता शब्द हाथ में पॉलिश लिये आते हैं
और ये उसे कौवनऊ न मिलने वाली बड़मनसाहत समझ सम्मोहित-सी देखतीं

वैसे भी जरूरतें और उसके बाद जरूरतों की लत
जानने कहाँ देती हैं मनुष्य होने की गरिमा
एक दृश्य जिसमें कुछ तितलियाँ बिना उड़े ही बूढ़ी हो गईं
मन किया कि जाकर खोल दूँ इनके बँधे पंखों को
और कहूँ कि उड़ो तुम्हें उड़ना आता है

ये उड़ना चाहती थीं और दुख हैरत इस बात की है
कि ये जान ही नहीं पाईं कि ये उड़ना चाहती थीं
चिड़िया की तरह बादल की तरह
सारी मौसमी हवाओं के साथ उड़ना चाहती थीं

उन्हें कोई अफसोस भी नहीं न उड़ पाने का
बड़ी चालाकी से उनसे छुपा लिया गया कि इनको उड़ना आता है

ये उड़ना चाहती हैं, उड़ने से पंख टूटते नहीं
मजबूत होते हैं बस यही नहीं जानतीं

जानने को बहुत कुछ नहीं जानती ऐसा बहुत बार लगा
पर जब कभी मैं इनके साथ जलुआ की रात में जागी
जहाँ लाठियाँ नहीं होतीं सिर्फ चूड़ियाँ होती हैं
ये कहीं से ढूँढ़कर उनकी पगड़ी और गालियाँ लाती हैं

तब वे समाज के ठेकेदार इनके दिल्लगी के विषय होते हैं
इतना साफ आईना दिखाती हैं ये गर्व से भरे मस्तकों को
कि सच समझने का कलेजा हो तो
घिन आए अपनी क्रूरता और कृतघ्नता पर

पर ये हँसती मचलती, बिछलती रहीं
अपने ऊपर हुए जुल्मों को कहते हुए
प्रतिरोध का ये अनोखा और रोचक प्रहसन
संसार की सबसे शीत और कोमल क्रान्ति थी

कितनी आकाशगंगाएँ डहका बन इनकी आँखों से झरती हैं
और ये प्यासी ही मर जाती हैं।

यहाँ से दृश्य

यहाँ से मैं दृश्यों को उलट-पलट कर देखती हूँ
सारी कड़ियों को खींच कर रखती हूँ जरा भी गड्डमड्ड नहीं होने देती
उनकी चालाकियाँ यहीं सबसे ज्यादा मिलावट पर उतारू होती हैं
हाँ मैं ठीक-ठीक उन्हीं की बात कर रही हूँ जो सतहत्तर सम्बन्धों में भी
अकेले होते हैं
ये दुखरोवनी जातियाँ क्या जानेंगी उनका दुख जो परछाईं ओढ़ कर जीती हैं

बम्बई दिल्ली सूरत की ट्रेनें जैसे छक-छक चलती हैं
ये कहती हैं जियरा भी उसी तरह धक-धक करता है
और ये कहते हुए भी ये पहाड़ से दुखों को ओछा समझ हँस पड़ती हैं
ये ब्याह के आई थीं और ब्याहे की सूरत जी भर के कभी न देख पाईं
बाद के दिनों में गृहस्थी की चर्खी में बैलों-सी नाध दी गईं

वे अकेलापन किस चिड़िया का नाम है नहीं जानतीं
स्त्री चिन्तन, विमर्श नाम का कोई रमझल्ला कहीं चल रहा है
इनके सपने में भी नहीं गया
फेमिनिस्ट और फेमिनिज्म "का जनी कहाँ रहती हैं",
वो हवा इनके पते से कटकर एसी दफ्तरों में ही गौड़ेर कर बहती है
और इनका नाम व पहचान तो कहती हैं "सहलई बा कट अक्षर कौनो नाई बा"

कहाँ बातें हो रही हैं इनके अस्तित्व की और कौन कर रहा है
कभी लगता है कि ये चर्चाएँ किसी और ग्रह पर चलती होंगी
सिमोन और वर्जीनिया वुल्फ तो खैर बहुत बाद की चीज हैं
ये सावित्री बाई फुले का नाम नहीं जानतीं

बहुत जाना तो किसी गर्वशील स्त्री को हँसकर इंदिरा गांधी कहा
हाँ फूलन देवी को गाली की तरह जानती हैं

इतना सब कुछ न जानते हुए भी ये प्रेम और जिन्दगी जानती हैं
जितना घुटनों पर घूमता शिशु माँ को जानता है

जब कभी इन्हें थोड़ा-सा आकाश मिला तो इन्होंने अपने पंख झरझराए
हालाँकि उड़ तब भी नहीं पाईं
सत्यानाश हो उस संस्कृति का जिसने इनके गले में इतने जबर डैने डाले
कि रस्सी छूटने पर भी जाकर खूँटे के पास ही खड़ी हुईं।

प्रेम और मुक्ति

वहाँ बच्ची बनी लड़कियाँ गन्दी लड़की बन जाती थीं
और बाबू से बीमार
इलाज के बहुतेरे उपाय थे पर मासूमों को गुलाबी शीशियाँ भायीं
जो थोड़ी ही दूर जाने पर चटक कर टूट जातीं

गजब के आत्मसम्मोहन से चलती थी वो दुनिया
जहाँ कहना और बस कहना था, सुनने का रिवाज नहीं था
अपने मन के मारे गए गुलफाम हम उनकी दुनिया में ऊबरे भात के पाहुन थे
कभी रुक्खे-सुक्खे वो हमें भी याद कर लेते थे
हम उतने भर से खुश थे

हम ख़ुसरो की प्रेम दरिया की धार में नहीं भँवर में थे जिसमें हम न डूबे न उतराए
वे प्रेमी ही थे दिलवाले के अजय देवगन कट प्रेमी
जो बारहवीं में प्रेम में पड़कर सल्फॉस खा लिये थे
ठीक है अब बार-बार प्रेम करें, तो क्या बार-बार सल्फॉस खाएँ
ठीक है आदर्श प्रेम कहना-सुनना अच्छा लगता है
पर गला भी बहुत कसता है

सुविधाएँ कोला-पेप्सी की तरह रंगीन, जवान और मीठी थीं आसानी से
उपलब्ध भी
वे हमारी हथेलियों का सिरहाना लगाए एक आदिम नींद सोए हुए हैं
हम सिरहाने बैठीं जाने कब से उनके जागने का इन्तजार कर रही हैं
पर न उनकी नींद टूटती है न हमारे भ्रम

जबकि होना ये चाहिए था कि हम धीरे से अपनी हथेली सिरहाने से सरका लेते
मुक्ति इस तरह भी ली और दी जा सकती थी
कितना त्रासद है ये कि प्रेम में खुद को याद करना
और याद आती है एक जिद्दी और लापरवाह बच्चे के हाथ में मरी हुई तितली।

चली हैं कलेक्टर बनाने

पहली बार स्कूल जाते हुए खूब रोई तो
दादी ने माँ को डाँटा, नहीं पढ़ती तो जाने दो
चलीं हैं कलेक्टर बनाने!
चूल्हे के पास राख पर उँगली से लिखाती
माँ फिर डाँट दी गई कि
अभी तक खाना तैयार नहीं हुआ
चली हैं कलेक्टर बनाने

माँ ये शब्द सुनते-सुनते बूढ़ी हो रही थीं
और मैं बड़ी इतनी बड़ी कि
जब स्कूल में किसी लड़के ने मेरे नाम की चिट्ठी फेंकी
हंगामा मचा बाबा लाठी लेकर माँ की ओर दौड़े
घूँघट में सहमी माँ रसोईघर के
किवाड़ के कोने में छिपी काँपती रहीं
और मैं ओसारे में बुआ से लिपटी रोती रही
शायद उन्हें दया आ गई हम दो निरीहों पर
वहीं आँगन से लाठी चूल्हे के पास फेंकते हुए
फिर वही कहा बाबा ने
चली थीं कलेक्टर बनाने

स्कूल और माँ दोनों छूटे
किताबों को हाथ में ही थामे
मैं अब ससुराल आ गई थी
अबोध मन अभी गिरस्ती नहीं सीख पाया था

कदम-कदम पर होती रहीं गलतियाँ
जलती उँगलियों पर गीला आटा चिपकाती
सुनती रही सास की कड़क आवाज
कि एक भी शऊर नहीं सिखाया माई ने
चली थीं कलेक्टर बनाने

बड़के घर की बेटियाँ

हम गाँव के बड़के घर की बेटियाँ थी
ये हमने गाँव में ही सुना
हम बाँस की तरह रोज बढ़ जाते
ककड़ियों की तरह सबकी निगाह में आ जाते
हम दुपट्टे की आलपिन खो जाने पर रोते हुए स्कूल जाते थे
हम गांधी और नेहरू को पापा भइया से महान नहीं समझते थे

हमें अधिकार का पर्यायवाची कर्तव्य बताया गया
हमने साहस की जगह हमेशा डर पढ़ा
स्कूल की वाद-विवाद प्रतियोगिता में हमने कभी भाग नहीं लिया
क्योंकि आजी कहती मुँहजोरी भले घर की लड़कियों के लक्षन नहीं
हमें हमेशा बोलना नहीं सुनना सिखाया गया
तोते की तरह रटाए गए कुछ अति विनीत शब्द
जो गर्दन को और झुका प्रतीत कराते

हम स्कूल की प्रार्थना वह शक्ति हमें दो दयानिधे रोज गाए थे
और पहला पीरियड आने पर हैरान होकर खूब रोए थे
हम पढ़ने की बड़ी मेज से कई बार उठाए गए किताब लेकर
कि भाइयों की पढ़ाई डिस्टर्ब होगी
हम जितनी तल्लीनता से उन्नीस का पहाड़ा गिनते
आजी उतनी ही चिन्ता से हमारे ब्याह के दिन गिनतीं
और विंध्याचल धाम से खरीदी फोटू से कहतीं
"हे देवी हमरे भइया क पगड़ी ऊँच राखू..!

हमारे चारों तरफ एक खाका खींचा गया कि
पुरुषों के सामने नजर उठाना व्यभिचार है
और समझाया गया कि मर्यादा की रक्षा ही
तुम्हारे जीने का अधिकार है
हम तीन पीढ़ी पर डगमग चल रहे थे
दादी को लगता हम इतना क्यों बढ़ रहे हैं
माँ जरूर हमें चोरी से खूब घी खिला रही है!

धीरे से बोलो सब दिन सहेजती माँ का एक
अबोध आश्चर्य आजीवन रहा कि हम इतने कमजोर क्यों हैं
दादी एक बात गुस्से से हमेशा कहतीं
महतारी की बनाई हुई हो तुम सब
यही एक बात दादी की एकदम सत्य रही
डरना झुकना विरोध न करना
सच में हम माँ की बनाए मिट्टी के खिलौने थे।

काँटेदार हँकना

शयनकक्ष से संसद तक ये काँटेदार हँकना लेकर खड़े हैं
जो हमारे जरा से इनकार पर हमारी आत्मा पर पड़ेगा!

चलो हम किसी और ग्रह पर चलें
ये उनकी दुनिया है उनके बनाए हुए नियम व्यवहार हैं
जिसमें उन्होंने हमें मनुष्य न मानकर
जर जमीन में जोरू जोड़कर सम्पत्ति की संज्ञा दी
हम इस पर भी इठलाती फिरीं कि हम उनकी सम्पत्ति हैं

तुम आजादी ओढ़ने शहर की ओर चली थी ना
हम प्रसाधनिक सभ्यता का आलाप सुनकर रोमांचित थे
उसके अन्तरे पर आकर ठगे-से उदास खड़े हैं

मुझे सारे शहर एक जैसे लगते हैं जिनकी दीवारें
नपुंसकता के इलाज की गारंटी से पटी हैं
और अखबार बलात्कार की घटना से
मैं जी जुड़ाने के लिए न्याय की नजीरें याद करना चाहती हूँ
कि राजस्थान से अट्ठाइस साल की राख आँख में भरे
भँवरी देवी मुझसे पूछती हैं कि ये रेंग कर आया न्याय लेकर क्या करूँ

हम किसी उदार पंथ की ओर मुँह उठाए कब तक खड़े रहेंगे
हर पंथ में एक सामन्ती पंथ छुप कर खड़ा है
जिसका स्त्रियों को लेकर अपना दंड विधान है

तुम सारी विसंगति को त्यागकर प्रेम चुनना चाहती हो
मीठा भ्रम पी लिया है तुमने
इस युग में कठिन है पुरुष को प्रेम होना
और आत्मा पर नख-दन्त-सा धँसा दुख है स्त्री को अनायास मोह होना।

प्रेम

ठहरो इतनी जल्दी में क्यों हो
प्रेम सुविधा से उबियाए जनों का मनशायन भी हो सकता है
ये सुनहरी पीड़ा की सदरी है अघाए लोगों का मनपसन्द परिधान
जिसे कभी मरते-जरते लोग भी साध में पहन लेते हैं
या कभी स्वहित में अड़ी स्त्री से परास्त पुरुष का लुकधावन
मैं सोचती हूँ इसकी खोज किसने की होगी
जवाब मिलता है जिसने सारी परम्परा की खोज की

मैंने कहा हम खारिज करते हैं उनके इस सम्मोहक सन्धान को
किसी भी स्थापित क्रिया के लिए ये गैरजरूरी है
आखिर इतने शब्द उन्होंने क्यों खर्च किए इस पर
दो टूक कहते ये अहेरियों का अहिंसक तीर है
तभी सारी कलाएँ नाराज होकर मेरी ओर देखने लगीं
फिर क्या होगा रस सौन्दर्य श्रृंगार के अस्तित्व का

मैंने कहा जरूरत क्या है इस दरिद्रता और भूख में किसी सज-धज की
मेरी कल्पना में प्रेम करती खूबसूरत स्त्रियाँ आती ही नहीं
आती हैं धँसी आँखों की सूखी कमजोर औरतें पिटतीं कहीं लड़ती गिरतीं
उठती फिर गिराई जातीं बाँस की तरह फिर उग आतीं

मैं अक्सर सपने में देखती हूँ प्रेमी के एक हाथ में नादिरशाही तलवार
और दूसरे में वादाखिलाफी
वहीं शिशिर के पत्ते-सी काँपती प्रेमिका के
दोनों हाथों में बैंजनी फूल हैं और पाँव निढाल हैं

ये हथेली में भर-भर कर बसन्त लाती हैं
और उदास प्रेमी के पतझड़ पर वार देती हैं
जबकि प्रेमी को पूरा बगीचा चाहिए था।

प्रेम में अनकहा

प्रेम में हमने एक-दूसरे का अनकहा ही सुना
हमारे शब्द मुखर होकर हमेशा अपने अर्थ के विपरीत रहे
मैंने कभी नहीं कहा कि मैं तुमसे प्रेम करती हूँ
पर तुमने कई बार कहा, मैं तुमसे प्रेम नहीं करता
बल्कि खीज कर कहा कि मैं संसार में किसी से प्रेम नहीं करता

लेकिन गजब का श्रोता रहा ये हमारा मन
जो मैं नहीं कहती थी तुम वही सुनकर बेचैन हो जाते थे
और जो तुम बार-बार कहते
वो मेरे मन तक कभी नहीं पहुँचा
बल्कि तुम्हें छूकर दशों दिशाओं से एक पार्श्व ध्वनि आती
मैं तुमसे प्रेम करता हूँ...

मनचली ध्वनियों से हँसकर निहोरा करती हूँ कि किसी से न कहना
ये चंचल चित्त की हवाएँ जान गईं तो
जाकर सारे बाग से कहेंगी
फिर उन विरह तप्त कलियों को रंज होगा
जो अगोर रही हैं कि प्रणय के दिन आ गए प्रेयस उनसे कहे कि
मैं तुमसे प्रेम करता हूँ!

दुख का चयन

मुझे दुख ही चुनना होगा तो मैं प्रेम के दुख नहीं चुनूँगी
शौकीनी के दुखों पर आत्मा की खूब फिजूलखर्ची की
जबकि मेरे आसपास खुरदरे दुख मँडराते थे

कुछ भूख, दमन और शोषण के भी दुख थे जो मटमैले थे
तो मैं उन दुखों की तरफ पीठ कर लेती
पर जो सगे थे उनसे कब तक मुँह चुराती
तो उस सुखरोवन से विदा ली

सड़क के किनारे धूल और धुएँ से साँस नहीं ले पा रहे पेड़ों से
और शहर के पास बहती नदियों से
सारी मनुष्यता की ओर से क्षमा माँगी
और उनके अस्तित्व नष्ट होने के दुख को अँकवार में भर कर चली

अब मेरे पास दुखों की लम्बी सूची थी जिनमें उन माँओं के दुख हैं
जो नवजात की मृत्यु हो जाने पर भी छाती से लगाकर दूध पिलाती रहीं
जिन्हें बच्चे की मौत के बाद जानवरों की तरह रस्सी से बाँधना पड़ा

मुझे रंज होता है पाले हुए दुख का दुलार देखकर
और याद आता है उस माँ का दुख जो मरे हुए बेटे को जिन्दा करने के लिए
डॉक्टर से लेकर नर्स यहाँ तक कि निर्जीव अस्पताल से गिड़गिड़ाती रही
मैं खेतों की बेटी थी तो मेरे पास खेतिहरों के मटमैले दुख थे
जिनमें वो किसान थे जो आजीवन घिसटते चले
जिन्दगी से जोंक की तरह चिपके रहे आत्महत्या भी न कर पाए

मेरे पास मेरी उन छोटी बड़ी सखियों के दुख थे
जो जन्म लेते ब्याह के सपने देखतीं
और हुक्मबाजों के नाम लिख दी जातीं

मैं दुखों की फेहरिस्त देखती हूँ
हर चैत्र, क्वार में गाँव की बड़की आजी को देवी आती
कई बेटी को जन्म दे चुकी बहुएँ बेटा होने का वरदान पातीं
आजी के सब्जबाग में मुझे मॉडल जैसे कपड़े पहने
एक विदूषक देश उद्धारक दिखता

मेरे पास एक आरामतलब कौम की पीढ़ी का दुख था
जिनके सिर पर मर्यादा का बोझ था
जहाँ पिता गेहूँ और गुड़ बेचकर कॉलेज की फीस भरते थे
बाद में बेटे खेत बेचकर बुलेट खरीद लेते

मेरे पास राह चलतीं अश्लील आमन्त्रण पेट्रोल के धुएँ की तरह पीतीं
कुछ बनकर घर-परिवार के दुख हर लेने का सपना पाले
उन लड़कियों के दुख थे जो आठ किलोमीटर साइकिल से स्कूल जातीं
और मन में याद रखतीं घर के चूते छप्पर और पिछले साल रिस्टीकेट भाई का दुख

बाद में यही लड़कियाँ माँ की बीमारी पर दौड़ी आई थीं
और भाभी ने बैरंग लौटा दिया कि सेवा करने नहीं
कलह और हिस्से के लिए आई हैं
और यही मुँहचोर भाई नजर झुकाकर बहन से कहता है
तुम यहाँ आकर ज्यादा मालिकाना न दिखाओ

गौतमबुद्ध नगर देश की सबसे कर्कश जगह है
मुक्तिबोध! मैं तुमसे पूछती हूँ इस पर तुम होते तो क्या कहते।

बाद के दिनों में प्रेमिकाएँ

बाद के दिनों में प्रेमिकाएँ पत्नियाँ बन गईं
वे सहेजने लगीं प्रेमी को जैसे मुफलिसी के दिनों में अम्मा घी की गगरी सहेजती थीं
वे दिन भर के इन्तजार के बाद भी ड्राइव करते प्रेमी से फोन पर बात नहीं करतीं
वे लड़ने लगीं कम सोने और ज्यादा शराब पीने पर
प्रेमी जो पहले ही घर में बिनशी पत्नी से परेशान था
अब प्रेमिका से खीजने लगा

वो सिर झटक कर सोचता कि कहीं गलती से
उसने फिर से तो एक ब्याह नहीं कर लिया
पत्नियाँ जो कि फोन पर पति की लरजती मुस्कान देख खरमनशायन रहतीं
उनकी अधबनी पूर्वधारणाएँ गझिन होतीं
प्रेमी यहाँ भी चूकते, वे मुस्कान और सम्बन्ध दोनों सहेजने में नाकाम होते
जबकि प्रेमिकाएँ यहाँ भी जिम्मेदार ही साबित रहीं

वे खचाखच भरी मेट्रो और बस में भी हँसी के साथ इमेज भी मैनेज करतीं
प्रेमिकाएँ भी खुद के पत्नी बनने पर थोड़ी-सी हैरान ही थीं
आखिर ये पत्नीपना हममें आता कहाँ से है
प्रेमी खिसियाए रहे कि ये लड़कियाँ कभी कायदे से आधुनिक नहीं हो सकतीं
हमेशा बीती बातें, बीती रातों के ही गीत गाती हैं
खैर ये वो प्रेमी नहीं थे जो प्रेमिका का फोन खुद रिचार्ज कराते बाद में उसका रोना रोते
ये कॅरिअरिज्म व बाजार के दरमेसे प्रेमी थे जो जीवन की दौड़ में सरपट भाग रहे थे
और इस दौड़ारी में प्रेम उनकी जेब से अक्सर गिर कर बिला जाता है।

उजाड़पन

तुम्हारा उजाड़पन छाती पर ढोते कितने साल बीते
पर अभी मैं इतनी ठूँठ नहीं हुई कि
रोना चाहूँ हिचक-हिचक कर और रुलाई फूटे ही नहीं
और इतनी कमअक्ल भी नहीं कि
तुम्हारे लिए रोने के लिए कोई ठोस बहाना न ढूँढ़ सकूँ

कल सबेरहिया रात में नींद खुल गई
और तुम इतना याद आए कि फूट-फूट कर रो पड़ी
साथ के लोगों को अचरज हुआ उन्होंने पूछा कोई बुरा सपना देखा ना
मैंने कहा नहीं! सीने में बहुत तेज दर्द उठा
मैंने तुमसे प्रेम किया तुम्हें बुरा स्वप्न कैसे कह सकती हूँ

मुझे पहले से ही रोना था

मुझे शायद पहले से रोना था
नहीं, निश्चित मुझे पहले से ही रोना था

देवथानों के जिला-जवार में जन्मीं मैं तिलक रक्षा बाँधते
पंडों के प्रकोप से डरे बाबा के चेहरे में देखा धूर्तता का भय
नदियों के देश में जन्मीं मैं अच्छी तरह जानती थी
नदी और माँ दोनों को पूजने का पाखंड
जहरखुरानों के देस में जन्मीं मैं सीख रही थी
सत्ता के शीर्ष पर बैठे सँपेरों से जहर बेचना
मैंने निरखा था ओसारे में आए औघड़ के हड़काने से
सहमी बड़की अम्मा का अनिष्ट भय से सूखा मुँह

मेरे मन में नमक का पहाड़ बन गया था
बहुत बार सोचा कि रोकर उसे बहा दूँ
पर कुछ वर्जनाएँ आँख दिखाकर चुप करा देती थीं
मैं बहुत दिन से अवसर ढूँढ़ रही कि किसी पर विपदा आए
और मुझे उसके दुख में रोने का ठोस बहाना मिले
इस तरह किसी के दुख को मैंने अपनी सुविधा बनाई और फूट-फूट कर रोई
मैं मौकापरस्त कौम से थी
किसी की विपत्ति में अपनी राहत ढूँढ़ लेना मैं जाने कब से सीख रही थी
हम अपनी पेड़कटवा संस्कृति का बखान करके
विनाश में सुविधापरस्ती करते लोग थे
तो मुझे ज्यादा मुश्किल नहीं हुई

मैं चाहती हूँ मेरे सारे गुनाह दर्ज हों
उनके सारे दस्तावेज एक पवित्र मन में रखे हैं
जिसे मैंने आग से भर दिया था
कोई प्रेम का हरकारा जाए और गुनाहों को बचाकर लाए

मुझे रोता देख करुणा से भभरे मन
आओ घृणा से मुझ पर थूक दो
मुझे लानतें भेजो
मैंने तुम्हारे बेहद निजी दुख में अपनी सुविधा ढूँढ़ी।

एक जीवन अलग से

कायदे से मुझे एक जीवन अलग से मिलना चाहिए था तुम्हें प्रेम करने के लिए
जिसमें मैं तुम्हें कास के फूलों के खिलने के ठीक-ठीक दिन बताती
तरकुल के लम्बे साँवले पेड़ कब पीले रंग के फूलों से लद जाते हैं
चुभने वाले सरपत के पौधे भी कब अपने फूलों से धरती का मुख उजला कर देते हैं
प्रवासियों के लौटने के दिन कब आते हैं
अधघूँघट में ग्रामबालाएँ कब लजाती फिरती हैं

धान की बालियों में दूध कब आता है
महुवा और टेसू कब जंगल को महका-बहका देते हैं
कब कोयल खूब बोलती है
कब खंजन पक्षी देवभूमि से लौट आते हैं
कब मेलों के दिन आते हैं,
कब बच्चे रंगकर्मी बन जाते हैं
कब आजी जोड़ने लगती हैं दिन कि अमावस कब है
और दियालेसान की कितनी तैयारी बाकी है
कब गुड़ के गट्टे और सतरंगी अनरसा जाने कितनी बिसरी मिठाइयाँ याद आती हैं
कब देस लौटने पर बस से उतरते ही अपने बाजार की पुरानी मटमैली
लाई-बतासे की दुकान सबसे चिर-परिचित लगती है

तुम जानते हो फूलों का एक त्योहार होता है फुलेली-डोली
अक्टूबर के आखिरी दिनों में आता था
फूलों को प्यार न करने वालों ने इसे भुला दिया है
इस भूले त्योहार के दिन खोजकर उस उत्सव को फिर से मनाना था हमें
प्रेम व रहन की रीति को प्रकृति से सीखना था हमें

एक जीवन जिसमें मैं तुम्हें सारे बादल-झरने-नदियों और पहाड़ों के
एक-दूसरे से प्रेम करने के किस्से सुनाती
मैं तुम्हारे पवित्र माथे को चूमकर दिसावर जाने वाली
सारी बहकी हवाओं के प्रेमी झकोरों का नाम बताती
और तुम्हारे सारे दुखों को मुट्ठी में भरकर हवा में छूमन्तर कर देती

कि मनुष्यों से ही धरती का जीवन बचाने के लिए मनुष्यों ने कितनी लड़ाइयाँ लड़ीं
जब जंगल बचाने के लिए कुछ पेड़ों की बेटियाँ पेड़ से चिपक कर खड़ी हो गई थीं
तब हम जैसी स्त्रियाँ बाजार व बिलास में डूबी थीं
एक ऐसा जीवन होता जिसमें हम उम्र भर मनुष्य बनना और प्रेम करना सीखते।

कितना पुकारूँ

मैं तुम्हें कितना पुकारूँ कि तुम चले आओ
कितनी बार तुम्हारे नाम के वर्णाक्षरों को हवा में परागकण की तरह
बिखेर दूँ कि मौसम विज्ञान को लाजिम लगे तुम्हारा आना

आते हुए देखना देश-खेत में कहीं मिल जाएँ
गेंदे के कत्थई नन्हे फूल तो जेबों में भरके लाना
जिससे ये होगा कि हम अपने रंग, गंध के चिर-परिचित अनुराग में रहेंगे
गुलाब मोगरा में तो हम कहीं न मिलेंगे साथी

जब आना तो तुम संकोच से खड़े रहना
अबकी प्रेम और प्रेम की सबसे सुन्दर भाषा मैं ही कहूँगी
जिस पल प्रणय देह पर उजह होता है
उस आदिम लिपि को अबकी मैं ही उकेरूँगी

आखिर ये क्यों हो साथी कि हर बार तुम्हीं तुम सब कहो
इस बार धैर्य से इन्तजार करना मेरे प्रणय निवेदन का
जोहते रहना एक इच्छा को जो मेरी देह से ही उठे
चलो ये करते हैं कि इस बार सारा कहना मैं अपने जिम्मे लेती हूँ

हाँ सीधे कहती हूँ आकर मुझे प्रेम करना
इतना प्रेम करना कि कम पड़े देह और ज्यादा पड़े मन
इस तरह मन को देह से अलगा नहीं रही हूँ
देह की भूमिका कितनी निश्चित है बता रही हूँ

जब प्रेम का अंकुर फूटता है हृदय में तो
सबसे पहले देह ही सन्देश देती है हमें कि हम प्रेम में हैं
तुम तो जानते हो देह इतनी तटस्थ भी नहीं होती साथी
जिसका मन होता है उसी की देह भी होती है।

तुम्हारा फोन आना

तुम्हारा फोन आना एक दुर्लभ क्रिया है
जैसे बादलों में इन्द्रधनुष बनना
चन्द्रमा पर मंडप सजना
या कभी आँगन का सफेद ओलों से भर जाना
पर जब भी घंटी बजी मुझे पता चल गया
जैसे कोयल को पता चल जाता है कि चैत आ गया है

पर कभी फोन के पास नहीं रही
तेजी से दौड़ती हूँ फोन के पास पहुँचती हूँ कि फोन कट जाता है
जैसे दुनिया की सारी गतिशीलता थम गई हो
जैसे जेठ में बादल एकदम से कनरे हों कि चट से घाम हो गया हो

एक निराशा भरी मुक्ति भी होती है
क्योंकि जानती हूँ अब साल-छह महीने तुम फोन नहीं करोगे दुबारा
और मैं तो फोन कर नहीं सकती
मुझे खलिश के साथ एक अनचीन्ही-सी निश्चिन्तता घेरती है
क्योंकि जानती हूँ अब से दिन कल्पना में चले जाएँगे
मन में रह गई एक कलक गुरखुल की तरह पिराती है
और मैं तुम्हें सोचने लगती हूँ

•

बहुत से चित्र तुम्हारे बनते हैं जैसे तुम्हारे बाल अब और सफेद हो गए होंगे
मोटे तो क्या ही होगे तुम थोड़ा-सा पेट निकल आया होगा
जिसे सोचकर घोर विषाद में भी हँस पड़ती हूँ

और चश्मा हटाकर नाक पर उनके निशान देखती हूँ
सिगरेट से जले होंठों को छूती हूँ
और एक जलते मन को और जलता छोड़ देती हूँ।

मिलना

कितनी भीड़ और कितना जीवन था वहाँ
चलता-भागता और हम दोनों थे वहाँ
एक-दूसरे को देख लेने को बेचैन

जैसे शहर ने साजिशन मनुष्य और वाहन मिलाकर भीड़ का अरण्य
खड़ा करना चाहा हो और हम गालिबन उसे पर्वोत्सव मान रहे हों

चीखते वाहन छोटे-बड़े और बहुत बड़े
मनुष्यों का कद लगभग था और उनके कदम वाहन पहन लेना चाहते थे
जैसे सड़क पर तुम्हारे सिवा कोई पैदल चलता ही नहीं

हर आदमी हलकान-सा कहीं चला जा रहा है
जाने क्या सोच रहे हैं वो, जाने कहाँ जाना चाहते हैं
एक काठपन हर चेहरे पर बैठा है
जैसे शहर में तुम्हारे और अमलतास के सिवा कोई हँसता ही नहीं

उस दिन शहर की नदी पर स्नान पर्व था
मेले में मनुष्य उनकी दुकानें व उनके देवताओं की अपार भीड़ थी
जैसे धरती एक दिन दोनों से पट जाएगी

पर मेरे मन में तो माघ में ही बसन्त उतरा था
तो मुझे हर ओर हँसते हुए तुम्हीं दिख रहे थे
जैसे मुझ पर हँसने के सिवा तुम्हें कोई काम नहीं

सई के ऊबड़-खाबड़ कछार पर हेराई मेरी हँसी को
तब मिल गया था अपना सहिया
जब भीड़ में ऑटो से उतरते ही तुम्हें चारों तरफ
टुकुर-टुकुर देखती खोज रही थी

तभी संसार की क्रूरताओं से बची रह गई शहद-सी गाढ़ी तुम्हारी हँसी
होंठों पर आ ढरकी थी और तुम एकदम सामने दिखे
उसी पल शर्म से पलकें झपकीं तो वो हँसी मेरी आँखों में भर गई है
और अब जब तुमसे दूर रहते-रहते उदासी से भरती जा रही हूँ तो
वही हँसी याद करके हँस पड़ती हूँ
जैसे मुस्कराहटों का जखीरा थी उस पल की हँसी

तुम्हारी हँसी से लजाई उस भीड़ में चेहरा छुपाने के लिए
मुझे बस तुम्हारा कन्धा दिखा पर वो मुझसे ऊँचा था
सो मैंने सीने पर ही माथा टिका लिया
भीड़ के सारे चेहरे अपनी सारी जल्दबाजी छोड़
हमारी ओर देखने लगे जैसे इससे हैरतअंगेज कोई चीज
उन्हें पहले कभी न दिखी हो

भीड़ की आँखें उस पल भर के दृश्य पर ऐसे अचकीं
जैसे तानाशाह राज्य में अचानक दो गुलामों ने आजादी का परचम लहरा दिया हो
उन्हें यकीन नहीं हो रहा इस दृश्य पर कि
इतने हॉर्न, इतना शोर इतने तरह के भय, भीड़ और इतनी धूप में
धूल भरी सड़क के एक किनारे एक औसत-सी स्त्री
एक धुमिलाए चाँद से पुरुष के हृदय पर अपना माथा टिकाए प्रशान्त खड़ी है...।

उजाले से भरी रात

एक उजाले से भरी रात है
जहाँ तारिकाओं की सहन में तुम शरद के डहर भरे अँजोर की तरह उतरे हो
स्मृति ने हँसकर आगत-विगत पर गुलाबी कैनवस डाल दिया था
दुख का खटका लगा मन मिठास से भर गया
जेठ की तपती रात अचानक सेहलावन लगने लगी

उसी रात का उजाला पकड़ बहुत दूर निकल आई हूँ
जबकि उजाले के चारों तरफ बस अँधेरा ही अँधेरा दिख रहा है
तुम जानते हो ना! अँधेरे से मुझे डर लगता है
तुम मुझे आवाज देते रहना
क्योंकि गर्म आँसुओं की नदी में रह-रहकर डूबने लगती हूँ
ठीक उसी पल जब तुम पराए लगते हो
तुम तो जानते हो पराएपन से मेरी आत्मा बहुत करकती है

तुम्हें याद करते ही मन महकते फूलों से भर जाना था
पर चित्त है कि एक गोदामिल पीड़ा से चिलख उठता है

कभी यहीं कहीं चलते हुए हम थकेंगे भी साथी
तब भी एक छुटपन की साध
या अलगर्जी में कही बात की तरह ही सही
तुम मुझे अपना कहते रहना
बसन्त चला भी जाए तो प्रेम की आस से जीवन बचा रहेगा

अकेलापन बहुत सह सकती हूँ
बस यकीन खत्म न होने पाए कि तुम जहाँ भी मुझे याद करते हो
रात को खिली चमेली अभी तक महक रही है
और मन है कि रूमानी होता ही नहीं
मैं हमेशा कुछ प्रश्नों को लिये तुम्हारी ओर देखती हूँ
तुम हो कि जवाब से बचने के लिए
रूमानियत की रेशमी चादर खींच कर सामने कर लेते हो

मन वैसे ही अपने हरेपन से हलकान रह जाता है
जिसमें उजला-मैला सब जल्दी उतर जाता है
कितनी रातें, कितनी दोपहर आती हैं और
उदास चली जाती हैं कि तुम उन पलों में नहीं आए

वे सारे पल मुझे उलाहने देते हैं
मैं इल्जाम तुम्हारी मसरूफियत पर डाल देती हूँ
वे खिलखिला पड़ती हैं मुझ पर
उनकी हँसी नीरफुल तुम्हारी हँसी जैसी है
तुम्हारी हँसी जैसे अल्हड़ उम्र की गदबद हँसी

तुम यूँ ही जहाँ हो वहीं से अपनी चिर-परिचित हँसी भेजते रहना मुझे
नहीं तो सब गलीज लगने लगेगा
तुम्हारा साथ, मेरा प्रेम, और वो रात का उजाला सब।

मैं यहाँ भी नहीं ठहरूँगी

मैंने जन्म से देह की घृणा पी थी
सबसे आदिम सम्बन्ध बहुत घिनौना है
ये मिथ मुझे माँ के दूध में पिलाया गया है
व्यर्थ श्रेष्ठता बोध मैं सिर पर लाद कर चल रही थी

पर मैं वहाँ भी नहीं ठहरी
कई रोते चेहरे मुझे पुकारने लगे थे
मैं उठकर वहाँ पहुँची थी
बहुत दिन तक वहीं रही

मैं सबसे अन्त में तुमसे मिली
फिर खो गई तुममें
पर मुझे आशंका है घृणा फिर से जन्म ले सकती है

मैंने ढेरों हाथ हटाकर तुम्हारा हाथ पकड़ा था
पर मुझे डर है तुम कभी प्रगाढ़ आलिंगन के लिए अपने हाथ बढ़ाओगे
तो हो सकता है मुझमें रोपी गई वो देह घृणा फिर जाग जाए
और मैं झटक दूँ तुम्हारा हाथ
तब तुम कहाँ जाओगे

मुझे निसत्व लगेंगी तुम्हारी बेहद खूबसूरत आँखें
भ्रम लगेंगे तुम्हारे वो होंठ जिस पर एक चिर प्रणय निवेदन रखा है
जिन्हें जी भर देखने की मुझमें कभी कूवत न हो पाई
मुझे गलीज लगेंगी वो पवित्र रातें

जब दो जोड़ी जागती आँखें बार-बार छलक पड़ती थीं
पर धीरज रखना मैं वहाँ भी नहीं ठहरूँगी
तुमसे छूटकर मैं प्रायश्चित्त के लिए किसी मन्दिर के द्वार पर खड़ी हो जाऊँगी
तुम आर्त होकर मुझे पुकारोगे
मन्दिर के घंटे-घड़ियाल में तुम्हारी आवाज नहीं सुनूँगी
मैं संसार की सारी पवित्रता को देह में स्थापित कर दूँगी

इस तरह मैं एक प्राकृतिक प्रेम की शीत हत्या कर दूँगी
मैं किसी रोती हुई सीता या अग्नि कुंड में जली सती से सतीत्व की भीख माँगूँगी
या किसी सूर्य या इन्द्र के पैर पकड़ूँगी
मुझे याद नहीं रहेगा कुन्ती व अहल्या का दुख

मैं वहाँ भी बहुत दिन नहीं ठहरूँगी
फिर किसी धर्मस्थल के गर्भ गृह में कोई बच्ची चीखेगी
प्रसाद और सिक्के उठाने के जुर्म में पुजारी किसी बच्चे को पीट देगा

तब मैं वहाँ भी नहीं ठहरूँगी
खूब भटकूँगी, ठोकर भी लगेगी
अँधेरे से रास्ता दिखाई नहीं देगा
तुम भी नहीं लौटोगे
मैं कटी पतंग की तरह घूमूँगी

तभी कहीं दूर कोई भूखा बच्चा रोएगा
वो मुझे पुकार सकता है
अगर न भी पुकारे तो भी मैं वहीं जाकर ठहरूँगी
मैं आसपास बिखरी सारी किताबों को पढ़ डालूँगी
फिर उसी रास्ते से मैं फिर तुम्हारे पास आऊँगी

मैं तुम्हारे आँसुओं से तुम्हारा पता ढूँढ़ लूँगी
क्योंकि तुम जब-जब रोए हो
मुझे लगा कि कहीं औचक कोई दुलरुवा बच्चा
घृणा की कड़ी निगाह से सहम कर रोया है

तुम्हारी बहुत याद आने पर मैं उस बच्ची को

जाकर गले लगा लेती हूँ जो एक दिन शहतूत के पेड़ को
तेल, काजर लगाने की जिद कर रही थी

किसी अभिमन्त्रित यंत्र की तरह
मुझे तुम्हारा नाम रटने की लत लग गई है
मैं तुम्हारे नाम के रंग से अपने कमरे की दीवारें रँगवा दूँगी
चादरें और पर्दे भी उसी रंग के होंगे
और इस तरह तुम्हारे नाम के आगोश में रहूँगी

तुम निश्चित मेरे प्रेमी हो
तुम्हारे अंकपाश में पहरों बेसुध रही हूँ
पर जो डर की यातना तुम्हें रात को सोने नहीं देती
उससे द्रवित होकर मेरे सीने में दूध-सा उतर आया था

मुझे अफसोस है मेरी जान
मैं इस मनुष्यहन्ता युग की आँखों में झाँककर करुणा न भर सकी।

वे सारे लोग जो तुम्हें प्यार करते हैं

प्रेम में नहीं बनना था मुझे कभी भी
तुम्हारी पहली और आखिरी प्रेमिका
मैंने तुमसे प्रेम करते हुए
तुम्हारी सारी पूर्व प्रेमिकाओं से भी प्रेम किया
जिसने भी तुम्हें प्यार से देखा
मैंने उससे भी प्रेम किया

प्रतिदान की कभी मुझमें चाह ही नहीं हुई
बस एक साध रही कि
एक बार! तुम एक बार कहते कि
"हाँ सच है उस पल मैं तुम्हारे प्रेम में था"
और वही पल मेरे लिए निर्वाण का पल होता

क्योंकि मैंने तुम्हें खालिश प्रेम किया
सारे मिलावटी भावों से बचा कर उसे विशुद्ध रखा
इसलिए तुमसे प्रेम करती सारी स्त्रियाँ मुझे प्रिय रहीं
संसार में वो सारे लोग जो तुम्हें प्यार करते हैं
उनके लिए मैं मन से आभारी हो जाती हूँ

मैं तुम्हारी पहली दूसरी चौथी
सारी प्रेमिकाओं को छूकर देखना चाहती हूँ
जिनके हाथों को तुमने कभी छुआ होगा
जाने क्यों तुमसे जुड़ा जो भी मुझे मिला
वो तुम्हारी तरह ही जहीन मिला

मैं कुछ देर के लिए वहीं रुक जाती हूँ
जहाँ तुम्हारा कोई नाम ले लेता है
सोचती हूँ कोई ऐसा मिलता
जो बस तुम्हारी ही बात करता
और मैं आँखें बन्द करके उम्र भर सुनती

गले तक भरा अँधेरा

अँधेरा गले तक भर आया है
सहारे के लिए तुमसे भी नहीं कह सकती
क्योंकि अँधेरा तुमसे ही होकर उठा
और मेरी पूरी रहनवारी पर छा गया

ऐसे में मेरे हाथ से उजास की वो रुपहली छड़ी खो गई है
अँधेरे में हर पल टटोलती हूँ हाथ में आती है पर छटक जाती है
मैं तुम्हारी आँखों से दुनिया देखने चली थी
दुनिया ने निहंगे दलाल की तरह हँसकर
तुम्हारी ही विद्रूप तस्वीर सामने रख दी

रात की तिजहारिया में किसी तरह आँख
लग भी जाती है तो चिहुँक कर जाग जाती हूँ
बेचैनी इतनी बढ़ जाती है कि लगता है
मौत निश्चित इस दुख से कम पीड़ादायक होगी

मैं बार-बार दौड़कर तुम्हारा चेहरा देख आती हूँ
अचरज ये है कि तुम्हारी आँखें अब भी उतनी ही पवित्र लगती हैं
होंठों से निःसृत होता है बच्चे की किलकारी जैसा एक आखर
कि तुम मुझे समृद्ध कर रही हो

होना तो ये था कि तुम मेरी जलती आँखों को चूमकर नींद से भर देते
पर जाने किस बेफिक्री से चूमा था तुमने कि नींद की जगह रतजगे आए
तुम्हारा भी कहाँ कोई दोष मुझे सुलाने की वो लोरी

तुम्हारे खराब हो गए उस फोन में रह गई जो फिर खुला ही नहीं

और इस युग में इतनी चीजें याद रखनी होती हैं कि
जो फोन की मेमोरी में न हो वो भूल जाती हैं
हम कोई इतने महान प्रेमी नहीं थे कि जिस पर दास्तानें लिखी जातीं
या हर पल छुपाए जाने वाले हमारे प्रेम से हो सकती थी कोई सुखद क्रान्ति

चे ग्वेरा का कथन कि सारी महान क्रान्तियाँ प्रेम की श्रेष्ठ भावना से संचालित होती हैं
मेरे पुरबिया परिवेश पर कभी फिट नहीं बैठा
जहाँ किसी स्त्री-पुरुष का हँसकर बात कर लेना भी व्यभिचार माना जाता है
वैसे भी प्रेम और क्रान्ति दोनों पूरा माँगते हैं
और हमारे अधबिजोजे मन इतने कामिल कभी नहीं हुए कि उस रकबे को पूरा मापते।

आदिम भूख

तुमने जब-जब कहा, "तुम बच्ची हो",
मैं सच में बच्ची बन गई
याद ही नहीं रहा कि मेरी कोई देह भी है
जो इतनी मादक है कि तुम्हें बेचैन कर रही है

सच कहती हूँ वो इतना कोमल सम्बोधन था कि
मैं उसे सुनकर गिलहरी बन तुम्हारी देह पर उचकने लगी थी
तुम्हारे माथे को पहाड़ बना लिया सीने को दरिया
और दोनों आँखों को चाँद और सूरज

तुम्हें ये पता ही नहीं था कि तुम्हारे वजूद में
मैंने एक नई दुनिया बसा ली थी
एक दिन तुमने कहा कितना अछल है तुम्हारा स्पर्श
तुम नहीं जानते उस समय मेरी हथेलियाँ बहुत नाजुक हो गई थीं
जिससे मैं तुम्हारी आँखें बन्द करके छुप जाती

फिर एक दिन तुमने कसकर पकड़ लिया मेरा हाथ
जिससे पड़ गए हैं कलाई पर स्याह घेरे
खैर अब मुझे नहीं याद रहता मैं कभी बच्ची बन जाती थी
और तुम्हारे साथ पहरों खिलखिलाती छुपम-छुपाई खेलती
मुट्ठी भर-भर के अँजोरिया तुम्हारे ऊपर फेंकती

जिसने मुझे बच्ची कहा था उसे ही नहीं याद रहा कि मैं बच्ची हूँ

स्मृतियों ने मुझे हमेशा दिवालिया रखा
मुझे याद ही नहीं रहा कि बच्ची की भी देह होती है
और देहों की आदिम भूख होती है।

प्रेम और विमर्श

कई सालों के अन्तराल पर वे दोनों
मुझे एक ही स्टेशन पर मिले थे
प्लेटफॉर्म नम्बर भी एक ही था
मैंने ही इसरार से दोनों को अपने साथ की बर्थ पर बैठने को कहा

दोनों की आँखों में जो अनोखा उजास था
मैं उसी से प्रेम की नई भाषा ईजाद कर रही थी
औपचारिकता उचक कर स्नेह तक पहुँच रही थी

मैं दोनों से सपने और कोरे आदर्श पर बात करती
मैं दुनिया को उनमें रखकर फिर से उधेड़ कर बुनती
मेरा अहका मन प्रेम और विमर्श दोनों साथ करता
और यहीं मैं चूक रही थी वहाँ हमेशा कुछ धुँधला रह जाता

पहले मिले सहयात्री के साथ चलते हुए अनजाने में
मेरा आँचल छू जाता तो झटक देता था
दूसरा बात करते इतना भावुक हो जाता कि
मेरी गोद में सिर रख कर रो पड़ता

मैं दोनों से प्रेम का अन्तिम अर्थ जानना चाहती थी
पर अनुवाद में दोनों को असमर्थ पाया
एक तबीयत से इतना तरतीब था कि
मैं मुग्धता से उसे देखती

और दूसरे की बेतरतीब से ही मैं सम्मोहित थी

दोनों के ढंग बिलकुल अलग थे
पर मन का रंग एक जैसा था
प्रेम हमेशा ईमानदार रहा
बस निर्मोह नहीं रहा मेरा आकलन
जबकि आँखों से हमेशा प्रेम ने अपनी स्पष्ट उपस्थिति दर्ज की
पर चितवन की चोट से मैं कतराती रही

एक से मैंने कभी नहीं कहा मैं तुमसे प्रेम करती हूँ
वो इसी बात पर नाराज रहा कि मैं उससे प्रेम क्यों करने लगी
दूसरे से मैंने खुद जताया प्रेम पर वह अधीर
तड़प कर बार-बार पूछता है कि, "मुझसे प्रेम तो करती हो ना!"
और अचरज ये है कि मुझे दोनों से प्रेम ही हुआ था।

खूबसूरत पल

हमसे नि:सृत होकर एक बेहद खूबसूरत पल हो सकता था
इतना खूबसूरत कि जैसे धनक के रंग होते हैं
इतना कोमल, स्निग्ध और तप्त कि जैसे चिड़िया की देह का स्पर्श होता है
उस पल का रंग इतना अलग हो सकता था जैसे अलसी के फूल होते हैं
और इतना मदिर कि हमें कम लग सकती थी ताजे महुआ फूल की मादकता

एक खूबसूरत पल की तुमने निर्ममता से हत्या कर दी
वो पल जो तुमसे जन्मा था बस तुम्हारे नाम से तुम्हारे होने के एहसास से

जो इतना नवजात था कि सद्य:प्रसूता रुदन भी नहीं कर पाया था
दो आत्मा में बस एक संकेत उठा था बसन्त का
जैसे अजोत धरती पर किसी पावस में दिखा अँखुवाया डाभ
वो खूबसूरत पल जिस पर बस एक तुम्हारा नाम लिखा था

जो किसी ऊब या संजोग से नहीं जन्मा था
तुम्हारे साहचर्य के ताप से स्वत: आगत हो उठा था
ऐसा खूबसूरत पल जिसका कारण तुम थे
वो पल जो बस तुम्हारे लिए आरक्षित था

जो कितने सालों से तुम्हारी प्रतीक्षा में सोया रहा
वो खूबसूरत पल जो आदिम प्यास से दहक रहा था
जो उतना ही नैसर्गिक था जितना हिम शिराओं से फूट कर निकली नदी
वो खूबसूरत पल जब तुम बच्चे जितने पवित्र लगते हो मुझे
मैं उस खूबसूरत पल में तुम्हारे संग अदृश्य हो सकती थी

वो खूबसूरत पल जिसे तुमने तड़प पीड़ा बेचैनी दुख से भर दिया
एक रात थी जो भीने संगीत से लरज रही थी
अचानक सिसकियों से भर गई थी

प्रेम में प्राप्य कुछ भी नहीं अब ये प्रशान्त आश्वस्ति मन में ठहर गई है
मुस्कानें लौटेंगीं! हम साथ चलते रहेंगे! मिलते रहेंगे!
पर वो खूबसूरत पल फिर कभी नहीं लौटेगा।

जरखरीद देह

हम एक ही पटकथा के पात्र थे
एक ही कहानी कहते हुए हम दोनों अलग-अलग दृश्य में होते
जैसे एक दृश्य तुम देखते हुए कहते तुमसे कभी मिलने आऊँगा
तुम्हारे गाँव तो नदी के किनारे बैठेंगे जी भर बातें करेंगे
तुम बेहया के हल्के बैगनी फूलों की अल्पना बनाना

उसी दृश्य में तुमसे आगे जाकर देखती हूँ
नदी का वही किनारा है बहेरी आम का वही पुराना पेड़ है
जिसके तने को पकड़कर हम छुटपन में गोल-गोल घूमते थे
उसी की एक लम्बी डाल पर दो लाशें झूल रही हैं
एक मेरी है दूसरी का बस माथा देखकर ही मैं
चीख पड़ती हूँ और दृश्य से भाग आती हूँ

तुम रूमानियत में दूसरा दृश्य देखते हो
किसी शाम जब आकाश के थाल में तारे बिखरे होंगे
संसार मीठी नींद में होगा तो चुपके से तुमसे मिलने आ जाऊँगा
मैं झट से बचपन में चली जाती हूँ जहाँ दादी भाई को गोद में लिये
रानी सारंगा और सदावृक्ष की कहानी सुना रही हैं

मैं सीधे कहानी के क्लाइमेक्स में पहुँचती हूँ
जहाँ रानी सारंगा से मिलने आए प्रेमी का गला खचाक से काट दिया जाता है
और छोटा भाई ताली पीटकर हँसने लगता है

दृश्य और भी था जिसमें मेरा चेहरा नहीं था देहों से भरा एक मकान था
मैं एक अछूत बर्तन की तरह घर के एक कोने में पड़ी थी

तुम और भी दृश्य बताते हो जिसमें समन्दर बादल और पहाड़ होते हैं
मैं कहती हूँ कहते रहो ये सुनना अच्छा लग रहा है
बस मेरे गाँव-जवार की तरफ न लौटना क्योंकि
ये आत्मा प्रेम की जरखरीद है और देह कुछ देहों की।

हम उनसे भी प्रेम कर सकते थे

हम प्रेम उनसे भी कर सकते थे जो हाथ बाँधे
पलक बिछाए करते रहे एक सम्भ्रांत प्रणय निवेदन
पर हुआ ये कि प्रेम हम उनसे कर बैठते जो
अचानक अँधेरे में एक दिन हमारा हाथ पकड़ते
और मुट्ठी भर चाँदनी हमारे चेहरे पर मलकर
हमें औचक चूम लेते

चाहते तो हम रगड़कर छुड़ा देते वो चाँदनी
पोंछ लेते उस अँधेरे के चुम्बन को
पर दुपट्टे से ही माथे का पसीना पोंछते हमारे मन को
आदत धराई गई थी ऐसे ही आधिकारिक प्रेम की
हम राजे-महाराजे के उन किस्सों को सुनकर बड़े हुए थे
जिसमें वो हाथ नहीं बाँह पकड़कर अपने देश ले जाते हैं

हमें किसी ने अच्छे से सुनाया ही नहीं था
आदिवासी युवती की उन्मुक्त प्रेम-चयन परम्परा
बादल घिरने पर मोर के बेसुध नाचने का रहस्य
बताया ही नहीं बया पक्षी के बार-बार घर बनाने की कथा।

शरद में तुम

शरद अनगिनत रंग के फूलों को लेकर आ रहा है
अबकी भी तुम्हारे मखमुलहे मन को देखकर आधा ही न लौट जाए
अबकी हँसना देखना शिशु की लाल हथेली जैसा सबेरा फिर उगेगा

कुछ मटमैले उदास चेहरे थोड़ा हँसेंगे
बच्चे काम पर कम स्कूल ज्यादा जाएँगे
सड़कें कार बाइक के धुएँ से कम अटेंगी
सीटी बजाती हुई साइकिल चलाती लड़कियों से गुलजार होंगी

काम पर जाती स्त्रियाँ अवसाद की दवा कम खाएँगी
घर में अपनी बेटियों के साथ काँटों से खींच के आँचल गाने पर रोज घंटों नाचेंगी
घरेलू स्त्रियाँ सब्जी छौंकती तेल के छींटे से जलने पर पहले जाकर बर्फ मलेंगी

वो चौराहे के पार बड़ी नाली पर बैठा बूढ़ा मोची कुछ कहकर हँसेगा
गाँव छोड़ शहर में बसा ठठेरा किसी ग्रामीण को चीन्ह देस का हाल पूछेगा
बूढ़े रिक्शेवाले के रिक्शे पर कुछ करुण मन की कोचिंग से लौटती लड़कियाँ बैठेंगी
और थोड़ी दूर जाकर अपने साथ उसे मौसम्बी का जूस पिलाएँगी
अखबार में अबकी हत्या बलात्कार से ज्यादा लड़कियों के खेल की खबरें होंगी

देखना। दुनिया थोड़ी-थोड़ी बदलेगी
दुख चिन्ता और गलतियों से बने हम दोनों थोड़े और मनुष्य बनेंगे
तीसी के फूल अबकी बड़े चटक खिलेंगे
तिल के अधगुलाबी फूल भी उस हँसी का अलाप जोहते हैं
पगडंडी के सारे खेत शरद में कैसे हँसते थे

उनकी हँसी नीरफूल तुम्हारी हँसी जैसी होती थी

तुम्हारी हँसी है या खिलखिलाहटों का जादुई दर्पण
या किलकारियों से गूँथी गई उजासी श्रृंखला
गदबदी सरपत की सफेद रेशमी कलियों जैसी चिक्कन
लटपट बसन्ती हवा जैसी
या गुदगुदाए जा रहे बच्चे की बेसँभार हँसी
मैं इस हँसी को हथेली में भर कर आने वाले समय के लिए आस बो रही हूँ

देखना अन्न के साथ यहाँ फूल भी उगेंगे
सही अर्थ में मनुष्य के साथ तितलियों का झुंड यहाँ आएगा
तुम बस चलते हुए कभी मुड़कर मुझे हरकार देते रहना
मैं वो राह और वहाँ के वासियों को पहचान ही लूँगी
चीन्ह पर अब कुछ तो मेरा कस-बस हो ही गया है
क्योंकि मैंने तुम्हारा आँसुओं से भीजा चेहरा चखा है।

एक प्यारी-सी बात

वो एक प्यारी-सी बात है
एकदम कोमल-सी पर ओस की बूँद की तरह नहीं कि छूने से बिखर जाए
मैं तो उसे बार-बार छूती हूँ
सीने से लगाकर महसूस करती हूँ उसकी असीम स्निग्धता को
और आँखों में हरेपन की तरह भर लेती हूँ

वो कोई प्रेम सम्बोधन या प्रणय के आसक्त पलों में ढली मखमली बात नहीं है
या प्रबुद्धता के पाखंड में ढली कोई राय भी नहीं
दो मनुष्यों के बीच हुए कुछ सहज संवाद से निकला एक वाक्य है
एक पहचान है कि वे दोनों कितने मनुष्य हैं

जिसे मैं कवियों प्रेमियों शिल्पियों या चित्रकारों को देकर जूठा न करूँगी
मैं इस बात को आत्मा के किसी हिस्से में रखकर सहजता का मापन बना लूँगी
या कभी किसी पहेली की तरह कोई बच्चा मचलकर पूछेगा
संसार की सबसे प्यारी बात क्या है तो मैं उसे बता दूँगी।

कितने दुख

कितने दुख थे दुनिया में जिन्हें अपनाकर
मैं जीवन को अर्थ दे सकती थी
पर मैंने चुना तुम्हारी आँखों का हँसता दुख
कभी सोचती हूँ फकीरी से भरी यही आँखें
विश्व की सारी सुखद क्रान्तियों का उद्गम रही होंगी

दुखों को बहकाकर झिरिर-झिरिर बहती
तुम्हारी हँसी से एक दिन धुलेंगे संसार के सब अवसाद
कनेर के फूलों-सी महकती तुम्हारी साँसें कहती हैं जीवन यहीं कहीं है
संसार को लेकर मैं कुछ भ्रान्तियाँ ढो रही थी
तुम मिले तो देखा सारे असमंजस मन पर जमे मिथक ने गढ़े थे

जीवन में दूर-दूर तक दुखों की गुंजाइश नहीं थी
पर एक झरोखा था मन में जहाँ से मैं दुख देख सकती थी
और मैं ईश्वर की प्रिय सन्तान थी
कोई क्रूर और कसैला दुख
वो मुझे देना नहीं चाहता था

असंगत प्रेम देकर एक मीठा दुख मेरे हिस्से आया
तुम लाख बरजते रहे पर मैंने उसे आँचल पसार कर लिया
तुम कभी अफसोस न करना कि हम जीवन की दोपहर में मिले
जीने के लिए तो पास में तो ढेर सारे प्रिय रंग हैं
मैं तुम्हें सोचकर उम्र गुजार सकती हूँ।

उस रात के बाद

उस रात के बाद सुबह जागने पर भी तुम आसपास बिखरे थे
उस रात दिउठी पर धरा दिया सारी रात जला
पर दीवार पर कहीं कालिमा नहीं थी
समय का सारा नैराश्य जैसे धुल गया था
थरथराता समय जैसे थोड़ा आश्वस्त दिखा
अमलतास उस दिन पीले रंग के चटक फूलों से भर गया था
गुलदुपहरिया की बेलें प्रभात की झलक से गुलाबी हो गई थीं

ये पहली बार था कि सुबह मुस्कुराते हुए जागी थी
होंठों में दबी हँसी लाख कोशिश करके भी
मन के कच्चे आँगन में बिछल जाती थी
एक लाज की तासीर सारी फिजा में ऐसे घुली
कि जेठ के तपते सूरज ने आँखें झुका ली
दिशावर हवाएँ एक मदरिल एहसास से झूम रही थीं

मन किया कि बची हुई दुनिया को हम मिलकर फिर से सजा दें
खिलखिलाते बच्चों के आसपास रंगीन गुब्बारों का तोड़न लगा दें
बहुत दिन बाद मिले प्रेमी जोड़ों के आसपास
फूलों की अल्पना बनाकर उनकी राह में सागौन के पत्ते बिछा दें
सबके जेहन से मृत्यु की स्मृति मिटा दें

एकदम साफ नीला आसमान हो साँझ एकदम से न ढली हो
किसी ताल के किनारे हम खुद को भूले बैठे हों
कोई वादा कोई बंधन नहीं कोई दुख और ग्लानि नहीं

सिर्फ और सिर्फ प्यार करें

प्यार वो जिसमें हम सर्वसह्य बनकर एक दूसरे बिना भी जी लेते
दूर कहीं बच्चों के हँसने-खेलने की ताजादम आवाजें
आती हों तो हम चाँद के बिना भी प्यारे कर लेते
तब आँचल से लेकर देह तक तुम्हीं
रश्मियों से बने गुलाल की तरह मन पर छाये थे
मन एक अनुपम महक से भर गया था
लगा कि भोर में किसी ने यहीं कहीं राग विभास छेड़ा है

पर तभी भय का एक झोंका आया मैं सिहर गई
जल्दी से तुम्हें अपनी देह और मन से झाड़-पोंछकर अलग किया
समाज के न बनाए हुए कायदे से प्रेम कर लेने पर
प्रेमियों को मिले उनके उपनाम और सजाएँ याद आईं
याद आया वो बहुत कुछ जो प्रेमी को याद करते हुए नहीं आना चाहिए था
मन में उतर आया उत्सव के बिहान का उजाड़पन
जिसमें जूठे पड़े बर्तनों, पत्तलों पर कुत्तों और कौवों का रौरव था
रंगशाला की जगमग के बाद का अँधेरा याद आया
याद आया कुलीनता का दम्भ और उसकी क्रूरता

वो प्रेम की आदिम महक जाने कहाँ चली गई
चारों तरफ बस कुछ प्रिय घूरती आँखें थीं जो तिरस्कार और क्रोध से भरी थीं
मैं इनसे खुद को छुपाना चाहती थी
उस पल मेरे आसपास बदसूरती का अम्बार लग गया
जिससे घिरी मैं उबकाई और बेचैनी से भर गई
लगा कि अभी दम घुट जाएगा
ये कुरूपता मुझे निगल लेगी

तभी तुम्हारी शंख जैसी हँसती हुई आँखें याद आती हैं
और सब फिर से खूबसूरत हो जाता है
मैं जान गई थी अब प्रेम ही सब कुछ फिर से सुन्दर करेगा।

नदियों की जिम्मेदारी

वे लाशें मनुष्यों की ही थीं
और मनुष्य ही उनके वहाँ होने के जिम्मेदार थे
पर भार उठाया बेचारी घायल नदियों ने

नदियाँ केन्द्र होतीं तो लाशों की जिम्मेदारी राज्यों पर डाल देतीं
राज्य होतीं तो पुलिस पर
पर नदियाँ ठेले से केले उठाती पुलिस भी नहीं थीं
उनके पास साहब बहादुर का वो डंडा भी नहीं था
जो सड़क की भीड़ में किसी मामूली लड़के पर अनायास ही पड़ जाता है

नदियाँ कोई शौकीन राजा या इंटर फेल रानी होतीं तो
लफ्फाजी और अभिनय से ये जिम्मेदारी किसी और पर डाल देतीं
तिलक से तरे मस्तक या खिसियाई लाल आँखें होतीं तो
उन लाशों पर ही उनकी जिम्मेदारी डालतीं
क्योंकि पूर्वजन्म में सभी लाशों ने पाप किया था

वे राख कचरे और झूठ से पोषित होतीं
अपनी देह को कहाँ लेकर जाएँ कि लाश बनते मनुष्य समूहों को
अपने शीश पर लादकर ढोना न पड़े
नदियों तुम अकेली दुख में नहीं हो
सुविधाओं से पटी सभ्यता का ये तिरोहित मोड़ है
इस मोड़ से लौटने का रास्ता किसी को नहीं मिल रहा है।

सभी के पास एक ईश्वर होना चाहिए

आधी रात बेचैनी की अनचित्ता में ये खयाल आया
सभी के पास एक ईश्वर होना चाहिए
एक अदद अन्तर्यामी और सर्वव्यापी जैसा ही नहीं
बल्कि ठीक-ठीक उसी काल्पनिक धारणा का प्रैक्टिकल

उस ईश्वर के पास सचमुच का न्याय होता
न्याय के सारे बटखरे होते
जो गुस्से और रंज के ही नहीं
हँसकर किए गए अपराधों के भी रिकॉर्ड रखता
जो सजा भले न देता पर (सजा शायद सीमा के बाद क्रूरता है)
किसने कितना और कहाँ अपराध किया है
तुरन्त नोट करता और ले जाकर मुँह पर फेंक देता

उसको सच कहने के लिए कुछ अजर-अमर टाइप का भी होना चाहिए
जिसको सीबीआई लिंचिंग देशद्रोह जैसे फंदों में जकड़ा ना जा सके
जो आँखों में आँखें डालकर कह पाता तुम अपराधी हो
जिसके पास जन्मचक्र और भविष्य-भरण के बहाने नहीं होते
जिसके चमत्कार के इन्तजार में सदियाँ आलसी न होतीं

जो बलवानों की नंगई को नंगई ही कहता
जो निज सुविधा के लिए बने दस्तावेजों को रद्दी कहता
जो बोध से विकलांग न होता
जो पेड़ों-पहाड़ों-नदियों की हत्या पर नाराज होकर
अपने दरवाजे बन्द कर लेता

युद्ध और हिंसा के समय
अपने सूरज-चाँद-तारे समेट कर अपने देश चला जाता
कम से कम अन्याय होने पर कोई शोक सन्देश ही भेज देता

ईश्वर को इतना भी कमजोर नहीं होना चाहिए

सविता के लिए

तुम जब मुझे पहली बार मिली तो मैं तुमसे थोड़ी-सी सहमी थी
तुमने जब मेरे कमरे के दरवाजे से झाँक कर कहा मैं अन्दर आ जाऊँ
मन किया कि कह दूँ कि मत आओ यार
हम कोई बात नहीं कर पाएँगे
क्योंकि जीन्स टॉप में छोटे बालों वाली लड़की
जो इंग्लिश लिटरेचर की प्रोफेसर थी मुझे भयभीत कर रही थी
एक कमतरी का अहसास एक सकुचाया हुआ भदेसपन

मुझे तुमसे मिलने से डपट रहा था
पर तुम तो तुम ही हो
हँसती हुई आ गई कमरे में और जीवन में भी
अब जब भी तुम्हारे चेहरे की तरफ ध्यान से देखती हूँ
लगता है ये कितने सच दुहराते होंठ और हमेशा ठीक दिशा में
देखती आँखों से तो मैं चिर-परिचित हूँ

हम एक ही किसिम के किस्से सुनकर बड़े हुए हैं
हम तख्ती-स्लेट लेकर उसी स्कूल में गए
जहाँ के तालाब पर नरकट के साथ बेहया भी उगते थे
हम दोनों जानते थे पीपल की छाया में कंचे खेलने का सुख
सुबह की पुरवइया में ओसारे में सोने का सुख
हमने कभी न गाए बाबा निमिया के पेड़ जिनि कटाया
हम अच्छी तरह जानते थे बाबा ने हमारे लिए कभी कोई पेड़ नहीं लगाया

हमारे हँसने से उनके दुवारे का हरसिंगार कभी नहीं झरता था
अंगुल भर धरती के दबने का इल्जाम हमारे जन्म पर था

चन्दा मामा आरे-पारे हमारे लिए कभी नहीं आए
दूध-बताशा की जमाखोरी करते रहे दुलरुओं के लिए
चौके की जूठी ठहर गवाह है अदरौने का एक भी निवाला हमने नहीं चखा
पैरों में जाँत बाँधकर हम चले थे उझुका हुआ जवार मनगढ़न्त किस्से
व 'सजनी हमहुँ राजकुमार' की लफ्फाजी लिये हमारे साथ चला था

जब से हम मिले हैं तो एक ही किस्से को
अलग-अलग तर्ज पर कहते हुए चुप हो जाते हैं
और कितनी बातें कितनी पीड़ाएँ बिन कहे समझ जाते हैं
स्त्री के भुलावा छूटने का चित्तफाड़ दुख
भादों के घाम की तरह देह में लगता है हम जानते हैं
सम्बन्धों का ढेलहवा खेत बेदम पैरों से पार करना
'का करी...कहाँ जाई...', की बेबसी भरी यातना हम पहचानते हैं
हम जाने कब से एक ही किसिम के उजाले की ओर हाथ बढ़ाए हुए हैं
अब ये बात अलग है कि किसके हिस्से में कितना उजाला आया।

कहना बाकी है

कितना कुछ था जो तुमसे कहना बाकी रह गया था
पर हमेशा की तरह तुम आगे ही चले गए
और मैं अपने उलझे व उदास मन के साथ पीछे रह गई

अब पीछे से तुम्हें आवाज देने में वही मेरा हमेशा का संकोच रोक लेता है
कैसे कहूँ तुमसे
तुम्हारे बिना ढूँढ़ने लगती हूँ खुद को
दूर-दूर तक कुछ नहीं दिखता तो तुम्हें सामने रखकर सब पूछती हूँ
तुम जो हमें चीन्हते हो
हमारी सारी जातियों को ठीक-ठीक जानते हो
जानते हो वो सारी कहानियाँ जहाँ बहुत कुछ मटमैला होता है
पर बचाया सिर्फ उजला ही जाता है

नदी से प्रेम करने वाले तुम
भीट पोखर तारा बाग जंगल सबके चिर-सहिया हो
कहते हो हमारे सदियों के संघर्ष और अटकती-भटकती राहों का अर्थ
हम तुम चेतन से अवचेतन तक रुलाई से भरे हैं
हम तुम नींद के लिए भी बेकल रहते हैं
पर हममें एक अन्तर था तुम इन अवस्थाओं का सदुपयोग चाहते हो
तुम वहाँ आगे ले जाकर दर्शन और विमर्श की सारी किताबों को
मुझे घोलकर पिलाना चाहते हो
और मैं हूँ कि पीछे ही मुड़कर देखने लगती हूँ

माँओं और आजियों ने सँवार-दुलार कर तुम्हें बड़ा किया
मौसियों और बुआओं ने तुम्हें चूम-चूम कर कोमल बनाया

छोटी-बड़ी बहनों और सखियों ने लड़-झगड़ कर तुम्हें और मनुष्य बनाया
उनके छोह से बने तुम उनकी पीड़ा में रच गए

खेतों में तुम कम उतरे पर मुड़-मुड़ कर खेतों को प्यार से देखते हो
तुमसे अनचिन्हार नहीं हैं गाँव-घर के प्रपंच फिर भी
अपने आसपास के बाबा-आजा को निहाल होकर निहारते हो
काश वो जिन्दा रहते एक और जीवन तक सोचते हो
सुनते हो उनसे सच-झूठ के बिसरे किस्से
और हँसकर पूछते हो दुनिया के महान अचरज जैसे उनके छूटे हिस्से

घर के पास बहती पीली नदी को खूब दुलराते हो
इस ऊबड़-खाबड़ जवार को तुम ऐतिहासिक बताते हो

अर्जुन की तरह तुम पितामह की गोद पर जाने कैसे एकच्छत्र काबिज रहे
पर तुम्हें भी पैतृकता में सिर्फ अथाह स्नेह मिला
जिसकी स्मृति भर से तुम गद्गद रहते हो

कैसे कोई तुम्हें जानेगा जो खुद नाचना नहीं जानता
पर नाचते हुए को विभोर होकर देखता है
जो खुद लिखना नहीं चाहता पर लिखते हुए को
और उनके लिखे को उनसे ज्यादा जानता है

इस जानने को लेकर मन अक्सर दुख से भर जाता है क्योंकि
जानने का दुख क्या होता है मैं जानती हूँ
ये कबीर के जानने भर का निछान दुख तो नहीं जानती
तुम्हारे करुणा भरे बेचैन मन को जानती हूँ।

तुम अपनी माँ को नवीन प्रेम में देख सकते हो

मैं हैरान और निहाल हूँ तुम्हें देखकर
जीवन में मैंने तुमसे बड़ा अचरज नहीं देखा
तुम नदी से बातें कर सकते हो
चिड़िया के साथ गा सकते हो
तुम्हारा बस चले तो किसी स्त्री की प्रसव पीड़ा समझने के लिए
गर्भ ही धारण कर लो

तुम किसी किन्नर की मौत पर फूट-फूट कर रो सकते हो
तुम किसी समलैंगिक की शादी में बधाई गा सकते हो
तुम अपनी सारी डिग्रियाँ जला कर मेरे साथ
गाँव के भगवती देवी विद्या मन्दिर में पढ़ सकते हो
तुम अपनी उदास छोटी बहन की गुड़िया की साड़ी
भाभी की ब्रांडेड लिपस्टिक चुराकर रंग सकते हो
तुम अपनी प्रेमिका के नए प्रेम के किस्से हँसकर सुन सकते हो

दरवेश! तहजीबें चकित तुम्हें देखकर
तुमने सारे मठों और मान्यताओं को तोड़कर
अनलहक को आत्मा का दस्तार बनाया
तुम संसार के सारे युद्धस्तम्भों पर इश्क की इबारत लिख सकते हो
और युद्धरत सारे हाथों में उनकी प्रेमिकाओं के पत्र थमा सकते हो

रंगीले फकीर! सामन्ती अभिजातपन को मुँह चिढ़ाकर
तुम मेरे डिहवा पर के मुसहर टोली में बैठकर
महुआ की शराब पीकर रात भर नाच सकते हो

मैं तुम्हारे माथे पर चुम्बन का नजर टीका लगाती हूँ मेरे अजब प्रेमी मेरे साथ मेरी चिर लजाधुर संस्कृति भी अवाक् है तुम्हें देखकर कि तुम अपनी माँ को नवीन प्रेम में देख सकते हो।

फूलपुर का ट्रैफिक जाम

मैंने तुम्हें देखा था फूलपुर के जाम में
या शायद नहीं देखा था भर निगाह
क्योंकि मुझे नहीं याद है तुम्हारा चेहरा
नहीं याद है कि तुम गोर थे कि साँवर
उम्र में लहुरा-जेठ थे कि समउमरिया
बस दो जोड़ी अचानक झुक गईं आँखें याद हैं

तुम्हारा अपने ही जैसे किसी टेम्पो-ड्राइवर से झगड़ा हो रहा था
मैं तुम्हारे गज भर सोझौउके पर कार में बैठी सिस्टम को मन ही मन कोस रही थी
झगड़ा शोर में बढ़ गया था मैं ध्यान नहीं दे रही थी क्योंकि पता था
ये जाहिल लोग हैं सड़क पर लड़ते रहते हैं, हम सम्भ्रांत-सभ्य लोग हैं
इतने कि सड़क पर कोई पानी के लिए दम तोड़ दे तो अपनी बेसलेरी न दें
पर मैं ऊब भी खूब रही थी
मैंने कार से झाँक कर जैसे ही देखा खूब गाली-गलौज हो रही थी

सामने वाले ड्राइवर ने तुम्हें भद्दी-सी गाली दी
जवाब में तुम जैसे ही गाली का पहला अक्षर होंठों पर लाए
कि हम दोनों की नजरें एक हो गईं
तुमने मुँह से छूटती गाली को होंठों में कसके दबा लिया
और आँखों में संकोच से मर्यादा का शील उतर आया
वो तुम्हें गाली देता रहा और तुम अधनजर से मेरी ओर देखते
पवित्र लिहाज से बोझिल हुए जा रहे थे
जाने तुम्हारा क्या नाम था या हो सकता है कि कोई अर्थवान
नाम तुम्हें दुनिया से मिला ही न हो

पर देख लो तुम मुझे बेनाम, बेचेहरा ही याद हो
और शायद आजीवन याद रहो

मुझे हैरत है कि जहाँ भाषा में गाली सिर्फ स्त्री के लिए बनी है
वहीं तुम एक अनजान स्त्री की आँखों का लिहाज करके चुप कैसे रह पाए
तुम्हारी माँ जाने कैसी होगी पर तुम्हें पढ़ा-लिखा कर
बड़ा आदमी बनाने का सपना जरूर देखी होंगी
अगर मुझे वो मिलतीं तो मैं उनसे जरूर कहती
अम्मा! तुमने संसार का सबसे जहीन बच्चा पैदा किया है
जो एक चिरसत्ता के छलछन्द से मिली सारी तिताई पर डली भर मिश्री रखता है।

अभी किसी नाम से न पुकारना

अभी किसी नाम से न पुकारना तुम मुझे
पलट कर देखूँगी नहीं
हर नाम की एक पहचान है
पहचान का एक इतिहास
और हर इतिहास कहीं न कहीं रक्त से सना है
तुम तो जानते हो मैं रक्त से कितना डरती हूँ
अभी वो समय नहीं आया जो मुझमें वो हौसला लाए
कि मैं रक्त की अल्पनाओं में पैर रखते हुए अँधेरे को पार करूँ

अभी वो समय नहीं आया कि चलते हुए कहाँ रुकना है हम एकदम ठीक-ठीक जान पाएँ
हो सकता है कि अँधेरे से निकलकर उजाले की ओर चलें
और उस उजाले ने छल से अँधेरा पहन रखा हो
तुम लौट जाओ अभी मुझे खुद ही ठीक-ठीक पहचान करने दो जीवन के चौराहों की
मुझे अभी इसी भीड़ में रहकर देखने दो उस भूमि-भाषा का नीक-नेवर
जिसमें मातृ शब्द जुड़ा है और माँ वहीं आजीवन सहमी रहीं

मैंने खेत को सिर्फ मेंड़ों से देखा है
मुझे खेत में उतरने दो
जहाँ मेहनत करने वाले हाथ होंगे
कमजोर को सहारा देकर उठाते मन होंगे
मैं अन्ततः वहीं मुड़ जाऊँगी जहाँ भूख से रोते हुए बच्चे होंगे
जहाँ कमजोर थकी हुई निखिद्ध देह, सूनी आँखों वाली मटमैली स्त्रियाँ होंगी
जहाँ कच्ची नींदों से पकी लड़कियाँ होंगी

जो ठौरुक नींद में नहीं जातीं कि अभी घर में कोई काम पड़े तो जगा दी जाऊँगी
तुम नहीं जानते ये सारी उम्र आल्हरि नींद के तरसती हैं

हम अभी बिछड़ रहे हैं तो क्या एक-दूसरे का पता तो जानते हैं
जहाँ कटे हुए जंगल के किसी पेड़ की बची जड़ में नमी होगी
मैं जान जाऊँगी तुम यहाँ आए थे
किसी पाटी जा रही नदी का उदास बैराज जब रोकेगा
फफक कर रोने का मन करेगा तो समझूँगी
तुम्हारा करुण मन यहाँ से तड़प कर गुजरा है

जहाँ हारे हुए असफल लोग मुस्कराते हुए इन्कलाब के गीत गाते होंगे
मैं पहचान लूँगी इसी में कहीं तुम्हारी भी आवाज है
हम यूँ ही भटकते कभी किसी राह पर फिर से मिलेंगे
और रोकर नहीं हँसते हुए अपनी भटकन के किस्से कहेंगे।

हत्या और बचाना

आजकल काफी कुछ छूट रहा था ईमान के साथ मुफ्त की जबान भी
जिसमें कुछ खर्च नहीं होता था पर कुछ खोने का डर था

भीड़ से छूटने या पिट जाने का भी भय था
एक तरफ काँधे पे उठाकर जयघोष के नारे थे
दूसरी तरफ गालियाँ और छिछले हास्य व्यंग्य

चुनाव ने ज्यादा दुविधा नहीं खड़ी की थी
एक तरफ अट्टालिकाएँ थीं दूसरी ओर टीनशेड या तिरपाल के छप्पर थे
जिसे सरकार विकास में बाधा कहकर कभी भी उजाड़ सकती थी

जब समकालीन कविता को प्रतिरोध खड़ा करना था
जनमन आत्मा के साथ चलना था
पाश की मानें तो सच को सच की तरह लिखना था
जिससे चोट खाई सभ्यता के घाव भरते

तब हमने लिखी कोई मीठी-सी कविता
आत्मकरुणा से पीड़ित शोकगीत या किसी ओहदेदार कवि के जन्म का बधउआ।

2

समय ने प्रेम को भी संक्रमित किया
साफ-सुथरे दिखने का लालच न होता तो क्या नहीं कर सकते थे हम

तुम प्रेम में कबीर की तरह स्त्री होकर गा उठते बालम आओ हमारे गेह रे...
और मैं तुम्हारा रूप ओढ़कर मयकश की तरह झूम लेती

उदास दिनों में काँधे पे सिर रख ग़ालिब की गजलें गाते तो जी जुड़ाता
तन-मन की हरियाली के लिए किसी महँगे हिल-स्टेशन की दरकार न होती
चार आँखें एक दूजे को देख हरी हो जातीं

पर इनमें से कुछ न हुआ
हमने अपनी सुविधा के लिए चुना उत्तर आधुनिक प्रेम
जिसकी तरफदारी बाजार और आदम दोनों करते हैं
और ये एकदम टिप-टॉप व अग्रिमेंटल भी था
वैसे भी देवीप्रसाद मिश्र कहते हैं कोई भी प्रेम अवैध नहीं होता

ये बचे रह जाने का समय था और हम बचाने की संस्कृति के स्वैच्छिक सदस्य
तुम किसी भी शर्त पर मुझे अपने जीवन में बचा लेना चाहते थे
और मैं कैसे भी करके तुम खुद में जितना बचे हो बचा लेना चाहती थी।

3

हम मध्यवर्गीय कायरता में ढले छनबहुले मन थे
बिना खर्च की मसीहाई हमें खूब भाती थी

तुम तो जानते हो इस किफायतीपने को
क्या-क्या बचाया जाता है इसमें
ये सामाजिक कमीनेपन से ही जन्मी व सहमी कुंठा होती है
अच्छा तुम्हें ठीक अनुमान नहीं होगा स्त्रियों से पूछो
तुमसे मैं ही सब कहाँ कहती थी

हम बने ही अजब थे
मेरी देह दूध से बनी थी और मन पानी से
तुम जो अक्खड़पन में सीझे थे और आत्मा फकीरी से बनी थी
तुम्हें भी मैंने बचाने की शय समझा
और इस बचाने की व्यर्थ कवायद में मैं कब हत्यारी बनती चली गई जान ही न पाई

अब जब तुमने बार-बार कहा कि तुमने मेरी हत्या कर दी
तो मैं पीछे पलट कर उस अस्तित्व को देख लेती हूँ
जिसने कहा तुम्हारी वजह से जिन्दा रह गया

तो क्या उस एक एहसान के नाते मुझे तुम्हारी बार-बार हत्या का अधिकार था
या बचाना भी एक अस्तित्व की हत्या होती है
मैं तो भ्रमित हूँ हमेशा की तरह
तुम ही कहो मेरे दोस्त
मैंने तुम्हारी हत्या ज्यादा बार की कि तुम्हें बचाया ज्यादा बार।

कविता की जिम्मेदारी

अब जब सतहें हटा हटाकर चीजें देख रही हूँ तो
चेहरे कम तलब ज्यादा कुरूप लग रही हैं
क्योंकि एक सतह के बाद ही देखा चेहरे मिट्टी के थे
आदतें समय की धराई हुई थीं
पर समय की आदतें भी तो कुछ चेहरों ने बनाई थीं

कौन थे वो चेहरे कैसे सीखी उन्होंने कुछ चालाकियाँ
कुछ चेहरों को शासित करने के लिए
कैसे अलगाया उन्होंने माटी के चेहरों को
और क्यों का जवाब पता है अपनी आरामतलबी
जिसने अपनी अतृप्त क्षुधा के लिए क्रूरता से संसर्ग करके
जन्म दिया बस दो प्रजातियाँ सत्तावान और शोषित
अचरज होता है कैसे मात्र कुछ चेहरे मिलकर
एक सभ्यता के सारे चेहरों को बदरंग किए

कैसी कालिख है वो जो हम
अपने ही हाथ से अपने चेहरों पर पोत लेते हैं
कैसा बहरा शोर है गर्वीली आवाजों का जो झारखंड से
भात-भात रटती बच्ची को सुनकर ठक्क नहीं हो जाता
मौत की नींद में भात के सपने देखते ये बच्चे
इस दुनिया पर थूक कर चले जाते हैं
और मैं हूँ कि गल्पों की कसीदाकारी उसी दुनिया पर करती जा रही हूँ

कविता यहीं खत्म करती हूँ कविता बहुत जिम्मेदारी का काम है।